Antonín Fritsch, Jos. Kafka

Die Crustaceen der böhmischen Kreideformation

Antonín Fritsch, Jos. Kafka

Die Crustaceen der böhmischen Kreideformation

ISBN/EAN: 9783744610292

Hergestellt in Europa, USA, Kanada, Australien, Japan

Cover: Foto ©ninafisch / pixelio.de

Weitere Bücher finden Sie auf **www.hansebooks.com**

DIE
CRUSTACEEN
DER
BÖHMISCHEN KREIDEFORMATION.

VON

DR. ANT. FRITSCH,
ORD. PROFESSOR DER ZOOLOGIE AN DER BÖHMISCHEN UNIVERSITÄT ZU PRAG.

UND

JOS. KAFKA,
ASSISTENT AM MUSEUM ZU PRAG.

VERÖFFENTLICHT MIT SUBVENTION DES COMITÉS FÜR LANDESDURCHFORSCHUNG VON BÖHMEN.

MIT 10 TAFELN IN FARBENDRUCK UND 71 TEXTFIGUREN.

PRAG 1887.
SELBSTVERLAG. — IN COMMISSION VON FR. ŘIVNÁČ.

VORWORT.

Seit einer langen Reihe von Jahren bereitete ich nach und nach das Material zu dieser Arbeit vor und fand nur mit Mühe die zur Veröffentlichung nöthige Zeit.

Die Arbeiten der Landesdurchforschung brachten in mehr als zwanzig Jahren ein prachtvolles Material zusammen, welches nun Gelegenheit bietet, ein vollständigeres Bild des Crustaceen-Lebens zu liefern, als man sich dasselbe nach dem Reussischen Werke „Die Versteinerungen der böhm. Kreideformation" hatte zusammenstellen können.

Die bereits bekannten Arten liegen nun in viel vollkommeneren und zahlreicheren Exemplaren vor, so dass vielfach zur Zusammenstellung von restaurirten Bildern der ganzen Geschöpfe geschritten werden konnte. Viele neue Gattungen und Arten wurden aufgefunden, so dass die Zahl der aus unserer Kreideformation bekannten Arten von 26 auf 72 gestiegen ist.

Da ich kaum so bald die nöthige Zeit gefunden hätte, um auch die Cirripeden und Ostracoden selbst bearbeiten zu können, so ersuchte ich meinen Assistenten Herrn Ph. Cand. Josef Kafka, sich dieser Arbeit zu unterziehen und behielt mir nur die Gattung Loricula vor.

Um besonders den einheimischen Freunden der Palaeontologie ein vollständiges Bild der Crustaceen der böhm. Kreideformation zu bieten, habe ich auch von den schon anderwärts abgebildeten Arten Copien in den Text gegeben oder liess dieselben nach Exemplaren von neuen Fundorten von neuem abbilden.

Die Originalzeichnungen der im Text enthaltenen Figuren der Cirripeden und Ostracoden verfertigte Herr Kafka mittelst der Camera lucida von Zeiss und seine sorgfältig durchgeführten Zeichnungen wurden dann vom Lithographen Herrn L. Langhans auf Kornpapier übertragen.

Auf den Tafeln habe ich bloss die vergrösserten Figuren selbst vollständig gezeichnet, bei den in natürlicher Grösse dargestellten nur die Contur sichergestellt und die Schattirung dem Lithographen überlassen.

An den restaurirten Figuren arbeitete ich zum Theil selbst, zum Theil mein Schüler Ph. Cand. Herr Janda, während die Ausführung auf Kornpapier Herr F. Langhans besorgte, worauf dieselben bei der Firma Angerer & Goeschel in Wien photographisch, meist verkleinert, auf Zink übertragen wurden.

Die Originale, die in vorliegendem Werke abgebildet sind, wurden von mir und meinem verstorbenen Petrefactensammler Josef Štáska gesammelt und befinden sich in der Sammlung des Museums in Prag. Mehrere kostbare Stücke befinden sich im geologischen Institut der deutschen Universität zu Prag und ich bin Herrn Prof. Dr. Gust. Laube für die freundliche Erlaubniss, dieselben benützen zu können, zu Dank verpflichtet.

Ausserdem habe ich für einzelne dem Museum geschenkte Unica zu danken Herrn Erxleben, Apotheker in Landskron, Herrn Josef Pražák in Chouroušek, Herrn Kliment Čermák in Čáslau, Dr. Stecker in Prag, Herrn Josef Šimáček in Berkovic, sowie meinem Bruder Wenzel, Naturalienhändler in Prag.

Ebenso bin ich dem Comité für Landesdurchforschung zu Dank verpflichtet für die Gewährung einer Subvention, wodurch ein Theil der Kosten für die Herstellung der Tafeln gedeckt wurde.

PRAG, im Mai 1887.

Dr. Ant. Fritsch.

Classe Crustacea.
Entomostraca.

Ordnung Cirripedia.[*]

Unter-Ordnung: **Thoracica**, *Darwin*.

Familie Lepadidae.

Gattung **Loricula**, *Sowerby*.[**]

Der Mantel mit der einen Seite fast seiner ganzen Fläche nach angewachsen, die andere (bald die rechte, bald die linke) Seite bepanzert. Am Capitulum sind wahrnehmbar: die Carina, das Tergum, zwei Scuta nebst zwei Lateralia der einen Seite. Der Stiel mit 5 Reihen von Schildern bedeckt, nach hinten zu in eine Spitze verengt.

Die ursprüngliche Diagnose führte das Capitulum als aus 10 Platten bestehend, und den Stiel mit 10 Schilderreihen gedeckt an. Dies basirte blos auf Vermuthungen, die sich nicht bestätigten. Keines der bisher vorgefundenen Exemplare zeigt die Beschilderung beider Seiten.

Namentlich zeigen auch die zahlreichen in Böhmen vorgefundenen Exemplare weder am Capitulum noch am Stiel deutliche Beschilderung der zweiten Seite. Nur an einem Exemplar ist das Scutum der anderen Seite wahrnehmbar.

Bevor ich in die Beschreibung der vorliegenden Exemplare eingehe, will ich die Artenfrage erwägen.

Unsere sämmtlichen Exemplare lassen sich ohne Zwang der Sowerby'schen Art Loricula pulchella einreihen und die Unterschiede der Individuen auf Alter, mangelhafte Erhaltung oder Verkümmerung reduciren.

Mit Ausnahme der nach Millimetern zu messenden Brut zerfallen unsere Exemplare in 2 Kategorien: in die var. **minor**, von etwa 20 mm Länge aus den Turonen Weissenberger Schichten und in die var. **gigas** von 36 mm Länge aus den Senonen Teplitzer Schichten. Diese Grössenunterschiede sind wohl nicht hinreichender Grund zur Bildung von Arten. Auf die mehr oder weniger markirten Anwachsstreifen grosses Gewicht zu legen ist bedenklich, da dieses Kennzeichen bei Pollicipes und Scalpellum auch bei sicheren Arten sehr variirt. Auch glaube ich, dass man dem zufälligen Abgang einer Randreihe am Stiel oder einer Unterschlagung des Stielendes nicht die Bedeutung zuschreiben darf, um sie zu Artcharakteren zu verwenden.[***]

Loricula pulchella. *Sow.*
Taf. 1.

G. B. Sowerby jun. Annals of Nat. History vol. XII. 1843 p. 26. — Ch. Darwin A. Monograph on the fossil Lepadidae Palaeontographical Society 1851. — Loricula gigas, Fritsch Weissenberger und Mallnitzer Schichten p. 117. — Kafka: Příspěvek ku pozn. Cirr. p. 21.

Die mir vorliegenden Exemplare stimmen in ihrem Habitus mit der von Darwin ausführlich beschriebenen Art aus der unteren weissen Kreide von Cuxton bei Rochester, ergänzen aber das Bild des Thieres.

---

[*] Die Cirripedien wurden in nachstehendem mit Ausnahme der Gattung Loricula, die ich mir vorbehielt, von meinem Assistenten Herrn J. Kafka bearbeitet. Ein vorläufiger Bericht darüber erschien in den Sitzungsberichten der königl. böhm. Gesellschaft der Wissenschaften zu Prag 1885.

[**] Siehe Zittel Handbuch der Palaeontologie p. 556.

[***] Aus diesen Gründen halte ich auch die in neuerer Zeit nach sehr mangelhaft erhaltenen Exemplaren aufgestellten Arten als sehr fraglich.

Der Grösse nach bilden sie eine Reihe von Individuen von 2, 15, 20 bis 36 mm, was ich als verschiedenes Alter einer und derselben Art betrachte.

Bevor ich in die specielle Beschreibung der einzelnen Funde eingehe, will ich eine allgemeine kurze Darstellung eines completen Exemplars versuchen, wie sich dieselbe nach dem vorhandenen Material in einer schematischen Figur Taf. 1, 2 c zusammenstellen liess.

Das ganze Exemplar Taf. 1, Fig. 2 c, hat die Gestalt eines an beiden Enden zugespitzten Ovals.

Das Capitulum besteht aus folgenden 6 Stücken:

1. Carina (c) so lang als das Carinolaterale, am Rücken gekielt.
2. Tergum (t). An unversehrten jungen Exemplaren mit seiner vorderen Spitze weit hervorragend, im späteren Alter abgestumpft.
3—4. Scutum (sct). Das der linken Seite nach aussen bauchig, so lang als das obere Laterale. Das der rechten Seite (sct') auch entwickelt.
5. Carinolaterale (l). Dreieckig, zwischen die Carina und das Tergum eingeschoben.
6. Oberes Laterale (l'). Ebenfalls dreieckig, zwischen das Tergum und Scutum eingeschoben.

Der Stiel ist auf der nicht angewachsenen Seite mit 5 Schildreihen bedeckt:

1. Carinale Randreihe (sc). Schmal, viereckig.
2. Carinale Stielreihe (cl), 4—5mal so breit als lang, nach aussen gerade, nach innen zugespitzt.
3. Mittlere Stielreihe (ml). Die breiteste Reihe, die einzelnen Schilder nach beiden Seiten verengt.
4. Scutale Stielreihe (sl) so breit wie die carinale Reihe.
5. Scutale Randreihe (ss). Viereckig so schmal wie die carinale Randreihe.

Diese Schildreihen sind im vorderen Drittel des Stieles am breitesten und nehmen von da an sowohl nach vorne als nach hinten an Breite ab. Das vorderste Schild der Mittelreihe ist um ein Drittel schmäler als das breiteste; das hinterste Schild derselben Reihe hat kaum $\frac{1}{10}$ der Breite des genannten grössten Schildes.

Jugendstadien.
Taf. 1. Fig. 5.

Auf einem Steinkern von Ammonites Woolgari aus dem leichten Pläner der Weissenberger Schichten, der für das Dřban-Plateau bezeichnend ist, fand sich eine Gruppe von ganz jungen Exemplaren verschiedenen Alters als Negativabdruck vor. Ich liess einen galvanischen Abdruck in das Negativ machen und zeichnete nach demselben 7 der besterhaltenen Exemplare in 12facher Vergrösserung.

An den kleinsten lassen sich drei Stadien unterscheiden, welche die Zunahme der Schilder an den Stielreihen erkennen lassen und die ich schematisch ergänzt an Fig. 6—7, neben einander gestellt habe. An allen besteht das Capitulum aus 4 Schildern, dem Tergum, dem Scutum und den beiden Lateralien.

Das kleinste (Fig. 6.) ist 1·65 mm lang, zeigt 5 Schilder in den 3 mittleren Stielreihen und keine Randreihen.

Das grössere (Fig. 7.) ist 1·85 mm lang, zeigt 6 Schilder in der mittleren Stielreihe, je 5 in den seitlichen, aber noch keine Randreihen.

Das folgende Stadium (Fig. 8.) ist 2 mm lang, weist schon 7 Schilder in jeder der Hauptreihen und bereits je 3 Schilder in den Randreihen auf.

Das viel ältere, wahrscheinlich einer früheren Brutablagerung angehörige Exemplar (Fig. 5. a) misst 5·83 mm und wird bereits mehr als 8 Schilder sowohl in den mittleren als auch in den Randreihen gezählt haben.

(Die carinale Randreihe ist auffallend breit und wird erst später hinter den mittleren im Wachsthum zurückgeblieben sein.)

Die ganze Gruppe erinnert sehr auffallend an diejenigen von Archaeolepas Rettenbacheri Opp. (Zittel Handb. der Pal. pag. 535, Fig. 719.), die man leicht als Loricularbrut auffassen könnte.

Var. minor.
Taf. 1. Figur 2., 3., 4.

Es sind 6 Exemplare bekannt geworden, die eine Länge von 15—20 mm aufweisen und sämmtlich aus dem Wehlowitzer Fischpläner der Weissenberger Schichten stammen.

1. Das vollständigste aller bekannten Exemplare ist auf einem jungen Am. peramplus vom Weissen Berge bei Prag aufgewachsen und stammt aus der Sammlung des Prälaten Zeidler. (Taf 1. Fig. 2.) Die dreimal vergrösserte mit der Camera lucida gezeichnete Figur ist nur dadurch ergänzt, dass die letzten 9 Stielschildreihen (26.), die sich an dem Exemplar in etwas verschobener Lage befinden, an das Exemplar, zu dem sie ursprünglich gehörten, zugezeichnet wurden.

Die Contourzeichnung Fig. 2c. ist nach diesem Exemplare entworfen und diente als Grundlage zu der oben gegebenen kurzen Beschreibung der Art. Die Fig. 2*. giebt eine Ansicht vom carinalen Rande aus, um die Höhe der Wölbung zu zeigen. An diesem Exemplar lässt sich auch die Zahl der Schilder in den Stielreihen genau angeben:

Carinale Randreihe 20
Carinale Stielreihe 20
Mittlere Stielreihe 20
Scutale Stielreihe 18
Scutale Randreihe 19

Die Zuwachsstreifen der einzelnen Schilder gewahrt man blos an arrodirten Stellen und zeichnen sich dieselben durch regelmässigen Abstand aus. An den Randreihen sind sie der Quere nach gerade verlaufend, an den breiten Stielreihen folgen sie etwas der Biegung des Vorderrandes. (Taf. 1. Fig. 2d.) Sie zeigen nicht die wellige Biegung und die Dichtigkeit, wie wir dieselbe bei der grossen Varietät finden werden.

Diesem kostbaren Exemplare gleichen fast vollkommen die übrigen, nur sind sie kleiner und mangelhafter erhalten und zwar:

2. Ein 15 mm kleines Exemplar, das Herr Klement Cermák auf einem Ammonites Woolgari am Weissen Berge bei Prag auffand und unserem Museum schenkte (Taf. 1. Fig. 3.). Demselben fehlt die Carina und der grösste Theil der Randreihen.

3. u. 4. Ein 12 mm langes Exemplar auf einem Am. Woolgari aus dem Pläner von Peruc bei Schlan. Geschenk des Herrn Dechant Danes, welcher ein ganz gleiches Exemplar noch in seiner Sammlung hat. Dasselbe hat das Capitulum ohne Carina und im Stiel etwa 15 Schuppenreihen entwickelt. Am Scutum liegt das vorderste Stück der scutalen Randreihe in etwas nach vorne zugespitzter Form, so dass es irrthümlich als Rostrum angesehen werden könnte. Da es aber auf der Seitenfläche des Scutum liegt und nicht marginal, so darf es nicht als Rostrum aufgefasst werden.

5. Ein zertrümmertes Exemplar fand meine Frau in einem Steinbruche bei Lana im Wehlowitzer Pläner.

6. Ein fragmentäres Exemplar (Taf. 1. Fig. 4.) fand ich auf einem grossen Am. peramplus in dem Wehlowitzer Pläner bei Striedoklink in dem Steinbruche gegenüber der Post. Dasselbe ist der Lage nach zusammengeschoben und hat den hinteren Theil des Stieles entweder unterschlagen oder fehlend. Am Capitulum fehlt das Scutum, am Stiele die Scutalreihe und die scut. Randreihe.

In seiner Gesammterscheinung erinnert dieses Exemplar an Loriculina Noetlingi (Sitzungsber. der Gesell. nat. Freunde zu Berlin Nro. 8. 1889), welche Dames vom Libanon beschrieb.

Die genaue wiederholte Vergleichung des Exemplares selbst überzeugte mich, dass wir es nur mit einem verstümmelten Exemplare unserer Loricula pulchella zu thun haben und mit keiner selbständigen Art, wie es vielleicht nach der Taf. 1. Fig. 4. gegebenen Abbildung scheinen könnte. (Die Anwachsstreifen sind an dem vergrössert gezeichneten Capitulum Fig. 4b. etwas zu kräftig ausgefallen.)

Var. gigas.
Tafel 1. Figur 1.

Von dieser prachtvollen und wirklich riesigen Loricula wurden nur zwei neben einander liegende Exemplare in der Wohnkammer eines Ammonites peramplus aus den Teplitzer Schichten am linken Egerufer bei Koschitz gefunden.

Ich arbeitete daselbst am 28. Juni 1895 mit meinem Petrefactensammler J. Staska, als derselbe plötzlich einen Freudenruf ausstiess und sagte: Herr, ich habe einen Trilobiten gefunden!

Die beiden Exemplare zeigen die Beschalung der rechten Seite des Capitulum ohne Carina. An dem unteren Exemplare sind die Randreihen des Stieles nur theilweise erhalten, die drei Hauptstielreihen vollkommen.*)

---

*) Später wurden durch Präparation noch Randschilder aufgedeckt, die an der Abbildung nicht zu sehen sind.

Familie Lepadidae.

Die Länge beträgt 35 mm, die grösste Breite (mit Zurechnung der fehlenden Randreihe) 25 mm.

Die Carinalreihe des Stiels enthält 24
die Mittelreihe „ „ „ 20
die Scutalreihe „ „ „ . . . . 19 Schilder.

Die Anwachsstreifen (Taf. 1. Fig. 1 b—f.) zeigen wellige Biegung und sind zahlreicher als bei der kleineren Form. Man sieht daran, dass die Schilder am hinteren Rande an Grösse zunahmen.

Die Form der einzelnen Stielschilder ist abweichend von denen der L. v. minor.

Das carinale Randschild (aus der 4ten Reihe des Stieles) (1e) ist am vorderen Ende zugespitzt, was dadurch erklärlich ist, dass das junge Schild bis zum 6ten Anwachsstreifen rasch an Breite, besonders nach aussen zunahm.

Die Carinalschilder (1c) sind muschelförmig gestaltet und nahmen beim Wachsthum nach innen an Breite zu; die sentalen (6b) ebenfalls nach innen.

Die mittlere Stielreihe nahm gleichmässig nach rechts und links zu. Alle Schilder der drei Hauptreihen zeigen die Seitenränder abgerundet, den Hinterrand ausgeschweift.

(Wenn diese Abweichungen von der L. pulchella zur Arttrennung genügen, der möge die Koschlitzer Form Loricula gigas nennen.)

Die Farbe der sämmtlichen Schilder ist ein gleichmässiges lichtes Gelbbraun und alle zeigen einen dauerhaften Glanz. Die Schilder mussten sehr fest an die Mantelhaut befestigt sein, denn überall hängen sie reihenweise zusammen und an keinem Exemplare fand sich ein dislocirtes Schild, das die Unterseite zeigen würde.

Gattung Scalpellum, Leach.[*]

Capitulum mit 12—15 Klappen in Anordnung, welche dem beistehenden Schema (Fig. 1) entspricht. Subrostrum meist fehlend. Die unteren Lateralien mit convergirenden Anwachsstreifen. Stiel beschuppt, sehr selten nackt.

Von Pollicipes unterscheidet sich diese Gattung:
a) durch geringere Zahl der Capitulumklappen,
b) durch die schwache Entwickelung oder den Mangel der Rostra,
c) durch die charakteristische Form der Carinae und Scuta (Fig. 2.), welche palaeontologisch den grössten Werth besitzt.

Die Carina von Scalpellum (Fig. 2. A.) ist meist schmal, ziemlich gekrümmt und ihre Rückenfläche (Tectum) von den schroff abfallenden Seiten (Parietes) durch deutliche Kanten oder Kiele geschieden. Die Seitenflächen sind gewöhnlich noch durch eine Längskante in zwei Partien getheilt (Parietes und Intraparietes) und verlängern sich manchmal flügelartig über die Spitze hinaus. Die Anwachsstreifen verlaufen über die Seitenfläche schief zu der Spitze.

Die Scuta sind viereckig, weil der Tergal- und Lateralrand in einem Winkel zusammenstossen.

Der Muskelabdruck ist halbkreisförmig und inmitten des Scutum situirt.

Von den übrigen Klappen sind die Terga wenig von Pollicipes verschieden, meist drei-, seltener viereckig. Die obere Lateralklappe stets vorhanden, von ansehnlicher Grösse und charakteristischer Form. In der Form und Grösse steht ihr die carinolaterale Klappe meist sehr nahe.

Figur 1. Scalpellum. Schematische Darstellung des Capitulum.
I. Carina (a Tectum, b Parietes, c Intraparietes.) — II. Tergum (aa Carinalrand, bb Schliessrand, cc Scutalrand.) III. Scutum (aa Tergalr., bb Schliessr., cc Basalr. dd Lateralr.) IV. Rostrum. V. Obere Lateralklappe (aa Carinalr., bb Scutalr., cc Basalr.) VI. bis VIII. Untere Lateralklappen. VI. Carinolaterallklappe (aa Carinalr., bb Scutalr., cc Basalr.) VII. Rostrolaterallklappe. VIII. Mittlere Lateralklappe (Infra mediolateralr.). IX. Subcarina. X. Subrostrum.

Figur 2. Carinae und Scuta von Scalpellum A. B. 1. 2. **und Pollicipes** C. D. 1. 2.
1 Scutum von oben, 2 von unten, m Muskelabdruck, t Tergalrand, l Lateralrand des Scutum.

[*] Siehe Zittel Handb. d. Pal. p. 558.

Scalpellum quadratum. *Darw.* (Fig. 3.)

Darwin: A monograph on the foss. Lep. p. 22. T. 1. F. 3. — Kafka: Přísp. ku pozn. curi
pedu ́es. útv. křid. p. 9. T. 1. F. 1. a, b, c, d.

Carina ist durch ein flaches Tectum und fast senkrecht abfallende Parietes
charakterisirt. In der unteren Hälfte des Tectum verläuft in Mitten eine seichte
Rinne, welche in der oberen Hälfte in einen schwachen Kiel übergeht. Übrigens
stimmt dieselbe gänzlich mit der Figur Darwin's überein, ebenso das regelmässig
gebildete, wohl erhaltene Scutum. (Fig. 3.)

Der Basalrand desselben bildet mit dem Lateral- und Schliessrand einen fast
rechten Winkel. Der Lateralrand ist in der unteren Hälfte seicht eingebogen.

Fundorte: Von dieser Art, welche von Darwin aus dem Eocän aufgeführt
wird, kommen in unserer Kreide deutliche Carinae (Figur 3. a — c) in den Korytzaner
Schichten (Cenoman) bei Kamajk vor; das Scutum (Figur 3. d) stammt aus den
Priesener (Senon)-Schichten von Lhn na Důlku bei Pardubitz.

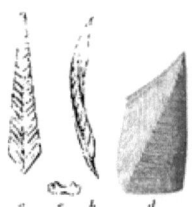

Figur 3. **Scalpellum quadratum**, *Darw.*
a — c *Carina* von Kamajk 1½mal vergrössert, a von oben, b von d. Seite, c Querschnitt, d *Scutum* von Lau [?] vergrössert.

Scalpellum quadricarinatum, *Reuss.* (Fig. 4.)

Reuss: Verst. d. böhm. Kreidefor. p. 105. T. 42. F. 18. Pedl. quadric. — Reuss: Über fossile
Lepadiden p. 21. T. 2. F. 11. — Darwin: A mon. on the foss. Lep. p. 58. — Kafka: Přísp. ku
pozn. cirrip. čes. útv. křid. p. 10. T. 1. F. 2. a, b.

Der vorigen Art sehr verwandt. Tectum ist jedoch gewölbter, verbreitet
sich mehr von der Spitze nach der Basis und ist von den Parietes, sowie diese
von den Intraparietes durch deutliche Kiele geschieden. Die Anwachsstreifen treten
sehr scharf auf.

Die Art wurde zuerst von Reuss aus Weisskirchlitz beschrieben.

Fundorte: In den Korytzaner (Cenoman)-Schichten bei Kamajk nicht
selten, jedoch meist schlecht erhalten, nach Reuss in denselben Schichten bei
Weisskirchlitz.

Figur 4. **Scalpellum quadricarinatum**, *Reuss.*
Carina von Kamajk 2mal vergrössert. a von oben, b von der Seite, c Querschnitt.

Scalpellum Kamajkense, *Kf.* (Fig. 5.)

Kafka: Přísp. ku pozn. cirrip. čes. útv. křid. p. 11. T. 1. F. 3. a, b.

Die Art wird durch ein Carinolaterale repräsentirt, welche einem solchen
von Sc. fossula Darw. oder Sc. gracile Bosq., (welche wahrscheinlich auch nur
Sc. fossula ist), am nächsten steht. Die bogenförmige Carinalkante verbreitet sich
in eine schmale, schief abfallende Seitenfläche, die concave Scutalkante besitzt
einen, fast rechtwinkelig umgebogenen Seitenrand, der unmittelbar unter der nach
links umgebogenen Spitze (Umbo) in einen rechtwinkeligen Grad endigt. Dieser Seitenrand ist da jedoch verhältnissmässig schmäler als bei den verwandten Arten
und besitzt nur sehr feine, kaum wahrnehmbare Anwachsstreifen.

Die Oberfläche der Klappe ist durch eine erhabene Rippe in zwei Theile
geschieden und längs der Scutalkante verläuft eine kleine Wulst. Die Anwachsstreifen treten deutlich auf, sind mit der wellenförmigen Basalkante parallel und
verlaufen über die schmale Carinalseitenfläche schief zur Spitze.

Fundort: In den Korytzaner (Cenoman-)Schichten von Kamajk.

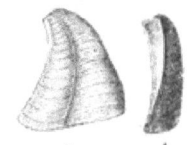

Figur 5. **Scalpellum Kamajkense**, *Kf.*
Carinolaterale aus Kamajk 6mal vergr. a von oben, b von der Seite.

Scalpellum fossula, *Darw.* (Fig. 6.)

Darwin: A monograph on the foss. Lep. p. 21. T. 1. F. 4. — Kafka: Přísp. ku pozn. cirrip. čes.
útv. křid. p. 12. T. 1. F. 4. a, b.

Von Kamajk liegen mir einige, meist schlecht erhaltene und zerbrochene
Scuta vor. Nur ein einziges, gut erhaltenes Exemplar gewährt die Gelegenheit zur

Figur 6. **Scalpellum fossula**, *Darw.*
Scutum von Kamajk 2mal vergr. a von unten, b von oben.

Sicherstellung dieser Species. Der gerade Basalrand bildet mit dem Lateral- und Schliessrande einen fast rechten Winkel. Der Schliessrand ist mässig gebogen. Von der Spitze zu dem Baso-Lateralwinkel, welcher etwas abgestutzt ist, verläuft eine ziemlich breite, seichte Furche, in welcher sich die Anwachsstreifen umbiegen. Die Anwachsstreifen und die mit ihnen parallelen, feineren Linien bilden die Sculptur der Oberfläche. Die Muskelgrube nimmt die untere Hälfte der Schale ein; von ihr verläuft zur Spitze eine flache, allmählig sich verengende Furche.

Fundorte: Diese aus dem Senon Englands und Deutschlands bekannte Art kommt bei uns in den Korytzaner (Cenoman-) Schichten in Kamajk, obwohl nicht häufig vor.

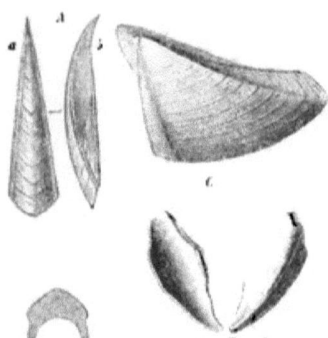

Figur 7. Scalpellum maximum, Sow. sp. *A* Sc. max. var. bohemica. Carina von Hollc, 2mal vergr. *a* von oben, *b* von der Seite, *c* Querschnitt. *B* Tergum? *a* die Unter-, *b* die Oberseite. *C* Carina-laterale von Kamajk, 6mal vergrössert.

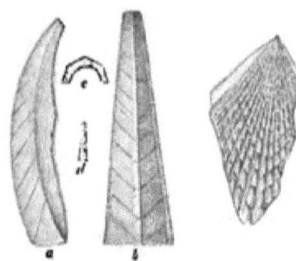

Fig. 8. Scalpellum angustum, Dix. sp. von Kamajk. Carina 6mal vergrössert. *a* von der Seite, *b* von oben, *c* Querschnitt, *d* in natur. Grösse.

Figur 9. Scalpellum tuberculatum, Darw. Tergum von Kamajk 6mal vergrössert.

Scalpellum maximum, Sow. sp. (Fig. 7.)

Darwin: A monograph on the foss. Lep. p. 28. T. II. F. 1, 4, 5, a, n, s. — Kafka: Přísp. ku pozn. cirrip. čes. útv. křid. p. 12. T. I. F. 5, A, B, C, D.

Diese Art, welche aus dem Senon Englands, Belgiens und Deutschlands bekannt ist, variirt sehr in der Form der Carinae und Terga. — Aus Holic liegt uns eine Carina (Fig. 7. *A*) vor, welche der Varietät Sc. max. var. sulcatum (? Poll. sulcatus Sow.) am nächsten steht; ihr Tectum ist jedoch schmäler sowie die rinnenförmigen Parietes, wogegen die Intraparietes namhaft breiter und in zwei Partien getheilt sind. Diese Carina wird als einer besonderen Varietät Sc. max. var. bohemica angehörend bezeichnet.

Das vermuthliche Tergum (Fig. 7. *B*) stammt von Kamajk; es steht am nächsten der Darwin'schen Varietät S. max. Var. I. (T. II. F. 5); bietet jedoch nicht volle Sicherheit zur Bestimmung der Art.

Dagegen repräsentirt die carinolaterale Klappe (Fig. 7. *C*) von Kamajk die Art in unserem Materiale am besten. Diese Klappe stammt aus der rechten Seite des Capitulum, ist 1·2 mm dick und mit den Figuren Darwin's gänzlich übereinstimmend. Darwin kannte nur Carinae, Scuta, Terga und Carinal-Latera. Aus der Rügener Kreide wurden noch Rostrum, Rostral-Latera und Stichschuppen beschrieben. (Die Cirrip. und Ostr. der weissen Schreibkreide d. Insel Rügen von Dr. Th. Marssons).

Fundorte: In den Korytzaner (Cenoman-) Schichten von Kamajk und aus den Priesener (Senon-) Schichten bei Holic.

Scalpellum angustum, Dix. sp. (Fig. 8.)

Darwin: A monogr. on the foss. Lep. p. 37. T. I. F. 2. — Kafka: Přísp. ku pozn. čes. útv. křid. p. 13. T. II. F. 4.

Die Carina (Fig. 8. *a—d*) ist sehr klein und schmal, das Tectum besitzt inmitten eine scharfe Rückenkante und die Parietes fallen von ihm unter einem stumpfen Winkel ab. Die Sculptur besteht aus äusserst feinen Längsstreifen und aus feinen, mit deutlicheren Anwachsstreifen parallelen Linien.

Fundorte: Die einzige Carina stammt aus den Korytzaner (Cenoman-) Schichten von Kamajk.

Scalpellum tuberculatum, Darw. (Fig. 9.)

Darwin: A monogr. on the foss. Lep. p. 43, T. I. F. 10. — Kafka: Přísp. ku pozn. cirrip. čes. útv. křid. p. 14. T. I. F. 7.

Die Terga von Kamajk sind zwar meist zerbrochen, aber sind sowie in der Form als auch in der Sculptur genug charakteristisch um ihre Zugehörigkeit zu der Art Sc. tuberculatum Darw. sicherstellen zu können. Die

Form ist ein unregelmässiges Viereck, die Struktur besteht aus radialen erhöhten Rippen, welche in den Anwachsstreifen mit wulstförmigen Erhöhungen bedeckt sind.

Fundort: Die Art ist bekannt aus dem Senon Englands, und wird bei uns durch einige Terga aus den Korytzaner (Cenoman-) Schichten bei Kamajk repräsentiert.

Scalpellum crassum, *Kf.* (Fig. 10.)

Kafka: Prč-p. ku pozn. cirrip. čes. útv. křid. p. 11. T. I. F. 6.

In Kamajk kommen öfters Terga von verschiedener Grösse vor, welche sich durch ihre Massivität und charakteristische Form auszeichnen. Das ausgebildete Exemplar ist 18×5 mm lang, 6 mm breit und dabei 1·5 mm dick und bildet ein fast gleichschenkeliges Dreieck. Der Carinalrand ist inmitten ausgeschweift, der Schliessrand mässig gebogen. Vom Umbo verläuft zu dem Winkel des Carinal- und Scutalrandes eine Rückenlinie, welche eine seichte Rinne bildet. Eine ähnliche Rinne verläuft längs des Schliessrandes und endet etwa im ersten Drittel des Scutalrandes von dem Winkel der beiden Ränder anfangend. Die Sculptur besteht aus deutlichen Anwachsstreifen.

Fundort: Kamajk (Korytzaner-Schichten, Cenoman).

Scalpellum nitens, *Kf.* (Fig. 11.)

Kafka: Prč-p. ku pozn. cirrip. čes. útv. křid. p. 14. T. I. F. 8. a, b.

In Kamajk kommen zahlreiche Klappen vor, welche sehr auf Rostra, welche Bosquet als *Sc. gracile* und *pygmaeum* abgebildet hat; es sind schnabelartige, stark gewölbte, 3—4 mm hohe und an der Basis eben so breite Klappen. Der stärker angewölbte Rücken ist durch schwach angedeutete, radiale Streifen von den schief abfallenden Seitenflächen geschieden. Die Anwachsstreifen sind sehr fein und ihre Zwischenräume mit parallelen, noch feineren Linien erfüllt.

Fundort: Kamajk (Korytzaner Schichten, Cenoman).

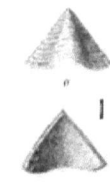

Figur 10. Scalpellum crassum, *Kf.* Tergum von Kamajk 2mal vergrössert.

Figur 11. Scalpellum nitens, *Kf.* Rostrum von Kamajk 3mal vergr. *a* von oben, *b* von unten.

Gattung **Pollicipes**.[*]

Capitulum aus mindestens 18, zuweilen bis 100 Platten nach bestehendem Schema zusammengesetzt. Stiel beschuppt. Unter den Klappen sind vertreten: Carina, Terga, Scuta, Rostrum, Subrostrum, mehrere Lateralia, meist in zwei Reihen angeordnet. Die systematisch wichtigsten Schalen sind Carina und Scutum.

Carina meist weniger gekrümmt als bei Scalpellum, verbreitet sich ziemlich beträchtlich von der Spitze nach der Basis und ihre Seitenflächen sind nicht deutlich entwickelt und von einer besonderen Rückenfläche nicht durch Kiele oder in anderer Weise geschieden. Die Anwachsstreifen sind weniger schief und verlaufen nicht schräg zu der Spitze. Scuta meist ziemlich massiv, convex, subtrigonal (da der Tergal- und Lateralrand in eine Kante verschmelzen), glatt oder gerippt. Der Muskelabdruck meist rundlich und befindet sich in der oberen Hälfte der Klappe. Die Rostra sind kleiner, jedoch verhältnissmässig breiter als die Carina. Terga fast eben, rhomboidisch und zeigen eine vom Apex zur Basalecke verlaufende diagonale Linie oder einen erhabenen Kiel.

Figur 12. Capitulum (schema) der Gattung Pollicipes.

c Carina, *t* Tergum, *s* Scutum, *r* Rostrum, *sr* Subrostrum, *sol* obere Laterale, *cl* Carinolaterale, *rl* Rostrolaterale, *ul* untere Lateralia, *st* Stielschuppen, *sc* Subcarina.

[*] Siehe Zittel Handb. d. Pal. p. 556.

Pollicipes glaber, *Roem.* (Fig. 13.)

Pol. glaber, Reuss: Verst. d. bohm. Kreide, I. p. 17, T. V. F. 45—49, T. XIII. F. 86—91. II. p. 105, T. 42, F. 17. — Pol. glaber, Reuss: Über foss. Lep. p. 28, T. III. F. 7—9. — Pol. glaber, Reuss; Geinitz „Elbthalgebirge" II. p. 263, T. 37, F. 21—27. — Pol. glaber, Darwin: A monogr. on the foss. Lep. p. 64, T. 3, F. 10. — Pol. glaber, Frič: Weissenberger und Malnitzer Schichten p. 147. — Pol. glaber, Roemer: Norddeutsche Kreidegebirge p. 104, T. XVI. F. 14. — Pol. gracilis, Roemer: Bei Geinitz p. 65, T. XVII. F. 16—18. — Pol. radiatus Sow. Reuss: Verst. d. bohm. Kreide, T. I. p. 17, T. V. F. 42. Scutum. — Mitella glabra, Roemer: Bosquet Crustacés fossiles du terr. crétacé de Limbourg p. 27, B. F. 1—12. — Kafka: Přísp. ku pozn. cirrip. čes. útv. křid. p. 16, T. II. F. 2.

Es ist die häufigste und am besten repräsentirte Art unserer Kreideformation. Die häufigsten Platten sind Carinae, Terga und Scuta, es kommen jedoch auch die Rostrolateralien und Rostra ziemlich oft vor. Am seltensten sind die oberen Lateralien und das Infra-mediolaterale.

Die Carina, welche sich von der Spitze zu der Basis stark verbreitet, hat eine meist stumpfe Rückenkante und etwas umgebogene Seitenränder. Die Oberfläche sieht ganz glatt aus; bei stärkerer Vergrösserung kommen jedoch feine Anwachsstreifen und mit ihnen parallele Linien zum Vorschein, welche sich auf der Rückenkante in einem scharfen Winkel umbiegen. (Fig. 13, *c*).

Diese Sculptur verschwindet jedoch meist mit dem Alter, so dass die Oberfläche ganz glatt oder auch rauh wird.

Das Tergum hat eine rhomboidale Form, welche sich in Folge verschiedener Länge der einzelnen Ränder stark verändert und es kommen nicht selten Formen vor (Fig. 13, *T*.), welche an die Tergalplatten von Poll. angustus Sow. erinnern. Mit der Sculptur der Oberfläche verhält es sich ähnlich wie bei der Carina und den übrigen Platten.

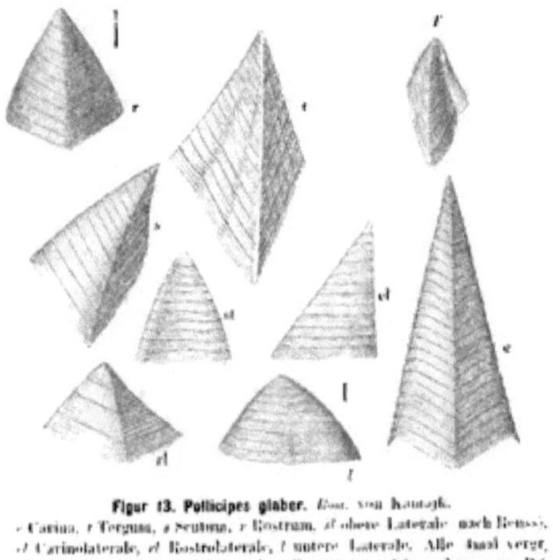

Das Scutum (Fig. 13, S) meist dünn, subtrigonal mit einer ziemlich scharfen, etwas gebogenen Diagonalkante, welche die Spitze mit dem Basolateralwinkel verbindet.

Das Rostrum (Fig. 13, *r*), welches auch schon von Bosquet abgebildet wurde, ist kürzer, aber verhältnissmässig breiter als die Carina und seine Seitenränder sind noch schwächer umgebogen.

Von den oberen Lateralien beschrieb Reuss eine gleichschenkelige, ein Dreieck bildende Platte (Fig. 13, *sb*). Bosquet zählt hieher auch die, bei uns ziemlich häufigen, ein rechtwinkeliges Dreieck bildenden Platten (Fig. 13, *cl*). Ich glaube die ersteren ihrer Form nach als obere Inframediolateralen, die letzteren als obere Carinolateralien ansehen zu müssen. Von den unteren Lateralien liegen auch zwei Formen vor, von denen die ersteren (Fig. 13, *rl*) längst bekannt sind und als Rostrolateralien angesehen werden, wofür auch die Vergleichung mit einem Capitulum von Poll. cornucopiae spricht. Diese haben eine schiefrhomboidale Form; die Basalkanten bilden einen stumpfen Winkel, der mit der Spitze mittelst einer Diagonalkante verbunden ist, so dass die Platte in zwei Theile geschieden wird, von denen der grössere fast

Figur 13. Pollicipes glaber. *Reuss,* von Kamajk.
c Carina, *t* Tergum, *s* Scutum, *r* Rostrum, *sb* obere Laterale nach Reuss, *cl* Carinolaterale, *rl* Rostrolaterale, *l* untere Laterale. Alle 4mal vergr. *T* Tergum von Kamajk von derselben Art, welches dem von *Pol. angustus Sow.* ähnlich ist.

eben oder wenig gebogen ist und der kleinere schief abfällt.

Die zweite Form, welche nur in einem Exemplare vorhanden, ist dreieckig, da die beiden Basalkanten fast ununterbrochen ineinanderfliessen und nur die Stelle des Winkels durch eine Ausbuchtung gekennzeichnet wird, welche mit der Spitze durch eine erhabene Kante verbunden ist. Ich glaube diese Form als untere Inframediolaterale denken zu müssen.

Poll. radiatus Sow., den Reuss nach einem Scutum von Hundorf beschrieb, ist ganz bestimmt hier anzureihen.

Fundorte: Die häufigsten sind Carinae und Scuta. Carina kommt häufig in Kamajk (Korytzaner Sch.), seltener in Semitz (Weissenberger Sch.), Koschtitz, Schillingen bei Bilin (Teplitzer Sch.), Luschitz (Priesener Sch.)

und Chbonek (Chlomeker Sch.) vor. Scutum gleichfalls in Kamajk häufig, kommt ziemlich oft auch in Weisskirchlitz (Korytz. Sch.), Koschtitz, Hundorf (Teplitzer Sch.) und in Luschitz und Kystra (Priesener Sch.) vor. Tergum,
welches in Kamajk in zahlreichen Übergangsformen sehr häufig ist, findet man seltener in Hundorf, und in den
Priesener Schichten bei Unter-Bautzen. Lán na Důlku und Lhota Čretická). Die übrigen Platten treten meistens nur
selten auf; so die Rostrolateralien in den Priesener Sch. (Senon) bei Leitomyschl; bei Kamajk sind dieselben häufiger.

Pollicipes Bronnii, *Roemer*. (Fig. 14.)

Reuss: Verst. d. böhm. Kreidef. p. 16, T. V. F. 40, 41, T. XII, F. 4. — Bronn: Lethaea. T. XXXIII, F. 16, p. 720. — Roemer: Verst.
norddeutschen Kreidegebirges p. 103, T. XVI, F. 8. — Darwin: A monogr. on the foss. Lep. p. 77, T. IV, F. 40. — Katka: Přísp. ku
pozn. cirrip. čes. útv. křid. p. 18, T. II, F. 3, a. b. c.

Die Art ist durch sehr charakteristische Carinen bekannt. Dieselben sind verhältnissmässig schmäler als
bei Pol. glaber, und durch eine stumpfe, von der übrigen Tectumfläche durch zwei feine radiale Streifen geschie-
dene Kante und durch mit blossem Auge wahrnehmbare dichte Anwachsstreifen gekennzeichnet.

Fundorte: In den Korytzaner Sch. (Cenoman) bei Kamajk, in den Schillingen b. Bilin und Kostenblatt
und in den Teplitzer Sch. (Senon) bei Koschtitz selten.

Pollicipes costatus, *Kf.* (Fig. 15.)

Katka: Přísp. ku pozn. cirrip. čes. útv. křid. p. 18, T. III, F. 1.

Diese Art ist durch vier Platten repräsentirt, welche, die Carina ausgenommen, in Kamajk ziemlich häufig
vorkommen. Die Carina, nur in einem unvollständigen Exemplare vorhanden, ist schmal, dünnschalig und durch
scharfe radiale Rippen gekennzeichnet, über welche sehr feine, nur unter dem Mikroskope wahrnehmbare Anwachsstreifen verlaufen.

Die übrigen Platten stehen in der Form denselben von Poll. glaber sehr nahe, tragen jedoch alle sehr scharfe
radiale Rippen. Die häutigen Rostrolateralien kommen meist in Bruchstücken oder auf den Ecken abgerundet vor.

Fundort: Kamajk (Korytzaner Sch. Cenoman).

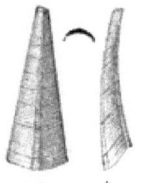

Figur 14. Pollicipes Bronnii.
Roemer.
Carina von Kamajk 4mal
vergr. *a* von oben, *b* von
der Seite, *c* Quer-dunn.

Figur 15. Pollicipes costatus, *Kf.* von Kamajk.
A Eine unvollständige Carina, *a* Tergum von
oben und von unten, *b* Scutum, *c* *d* Rostrola-
teralae von oben und von unten.
Alle sind 2mal vergrössert.

Figur 16. Pollicipes striatus.
Darw.
Carina von Kamajk
$2\frac{1}{2}$ mal vergrössert.

Pollicipes striatus, *Darw.* (Fig. 16.)

Darwin: A monogr. on the foss. Lep. p. 79, T. IV, F. 5.

Von dieser Art besitzen wir nur ein, jedoch schönes und charakteristisches Bruchstück der Carina. Dieselbe
erinnert auf die Carina von Poll. costatus, von welcher sie sich theils durch ihre Massivität, theils durch die
verhältnissmässig grössere Breite und die scharfe Rückenkante deutlich unterscheidet. Die Struktur besteht aus feinen
und dichten Anwachsstreifen und aus scharfen radiären Streifen, welche meistens nur auf den Seiten des Tectum
recht deutlich und nicht rippenartig wie bei Poll. costatus auftreten.

Fundort: Kamajk.

Pollicipes fallax, *Darw.* (Fig. 17.)

Darwin: A monogr. on the foss. Lep. p. 75, T. IV, F. 8. — Reuss: Über foss. Lep. p. 20, T. III. F. 4—6. — Bosquet: Notice sur quelques cirripèdes recemment decouverts dans le terr. cret du duché de Limbourg. 1857. p. 17. T. II. F. 4—42. T. III. F. 4, 2. — Kafka: Přísp. ku pozn. cirrip. čes. útv. křid. p. 19, T. III. F. 2, 3.

Diese Art gehört zu den häufigsten der oberen Kreide Englands und Deutschlands und auch bei uns vertritt sie die Gattung in den oberen Schichten der Kreideformation am besten; sie findet sich jedoch auch in in den renomaten Korytzaner Sch. bei Kamajk, falls man die dort gefundenen Platten als wirklich hieher angehörend ansehen soll.

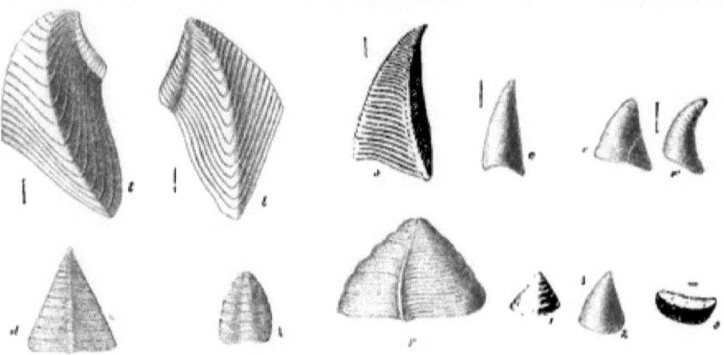

Fig. 17. Pollicipes fallax, *Darw.*

a Zwei verschiedene Tergalplatten von Lhota Urětická, 9 u. 8mal vergr. *b* Scutum aus demselben Fundort, 6mal vergr. *c.* Carina von daselbst 5mal vergr. *r' d* Rostrum, *d'* oberes Laterale von Kamajk 4mal vergr., *f* ein mittleres Laterale von Kamajk 6mal vergr., *f'* Carinolaterale (?) von Kamajk 6mal vergr., 1, 2, 3 die untersten Lateralien von Lhota Urětická 6mal vergr.

Am häufigsten kommen die Terga und Scuta vor. Terga sind in ihrer Form sehr verschieden; keines stimmt mit den Darwin'schen Figuren gänzlich überein, obwohl ihre Zugehörigkeit zu dieser Art ausser Zweifel ist, da sie mit den typischen Scuten zahlreich beisammen vorkommen. (Fig. 17, *t.*)

Der Schlussrand ist verhältnissmässig kürzer, der wulstförmige Abschnitt längs desselben schmäler und die Basalspitze regelmässig schärfer. Die Structur besteht sowie bei den Scutalplatten aus scharfen, ziemlich erhabenen Anwachsstreifen, inzwischen welchen man nur hie und da sehr feine parallele Streifen wahrnehmen kann.

Scuta entsprechen dagegen sehr gut den Darwin'schen Figuren und sind durch ihre dreiseitige Form, den starken, gebogenen Kiel, der vom Basolateralwinkel zu der Spitze verläuft und durch die scharfen Anwachsstreifen charakterisirt. (Fig. 17, *s.*)

Carinae sind meist ziemlich klein, sehr wenig gekrümmt, öfters etwas seitlich gebogen, haben einen gerundeten Rücken und der Basalrand ist mehr oder weniger ausgeschnitten. Die Anwachsstreifen sind sehr fein und nur einige bilden schärfere Ringskanten. Selten sind auch sehr feine radiale Streifen wahrnehmbar. (Fig. 17, *c.*)

Rostrum ist der Carina sehr ähnlich; seine Spitze ist jedoch stärker rückwärts gekrümmt, der Basalrand nicht ausgeschnitten. Die Rückenfläche noch stumpfer gewölbt und mit deutlicheren Anwachsstreifen versehen. Es kommen in Chotzen auch schmälere, den Rostralklappen ähnliche Platten vor, welche wahrscheinlich zum Pollicipes conicus Reuss gehören.

Von den Lateralien liegt eine Oberlaterale (Fig. 17, *sd*) und zwei Unterlateralien (Fig. 17, *l P*) vor.

Das Oberlaterale bildet ein gleichschenkliges Dreieck, ist sehr mässig gewölbt und mit einer stumpfen Rückenkante versehen. Die Anwachsstreifen sind sehr deutlich entwickelt.

Von den unteren Lateralien ist das eine dem von Reuss beschriebenen (118. foss. Lep.) sehr ähnlich: es ist von einer ovalen Form, stark gewölbt und in Mitten des Rückens wellenförmig eingesunken. Das andere ist dreieckig, an den Spitzen abgestumpft, flach und in Mitten der Rückenfläche mit einer scharfen Kante versehen. (Fig. 17, *l P.*)

Mit den Scuten und Tergen treten bei Lhota Čretická Plattenelemente, welche in der Form einigen Reuss'schen Figuren von unteren Lateralien nahestehen, jedoch sehr klein sind und als die untersten Lateralien zu deuten wären.

Fundorte: Scuta, Terga und Rostra kommen ziemlich oft in den Priesener Schichten von Chotzen und bei Lhota Čretická vor. Aus dem letztgenannten Fundorte stammen auch Carina und obere Laterale, welch' letzteres mir auch von Kamajk (Korytzaner Sch.) bekannt ist. Subrostrum liegt nur von Chotzen, die unteren Lateralien von Kamajk und die untersten kleinsten Lateralien von Lhota Čretická vor.

Pollicipes cuspidatus, *Kf.* (Fig. 18.)

Kafka: Přísp. ku pozn. čirrip. čes. útv. křid. p. 20. T. II. F. 5.

Ein Scutum von Kamajk, welches in der Form der Art **Poll. striatus** Darw., nahesteht, ist besonders durch die scharfe, ziemlich gekrümmte Spitze und durch eine Stufe, welche die Rückenfläche längst des Schliessrandes bildet, gekennzeichnet. Der Lateralrand ist gegen die Spitze stark ausgeschweift, der Basalrand ziemlich gerade und der Schliessrand mässig gebogen. Die Struktur der Oberfläche besteht aus parallelen schon dem blossen Auge deutlichen Anwachsstreifen.

Fundort: In den Korytzaner Sch. (Cenoman) in Kamajk.

Figur 18. Pollicipes cuspidatus, *Kf.*
Scutum von Kamajk 4mal vergr.

Figur 19. Pollicipes Košticensis, *Kf.*
Tergum von Kamajk 4mal vergr.

Pollicipes Košticensis, *Kf.* (Fig. 19.)

Kafka: Přísp. ku pozn. čirrip. čes. útv. křid. p. 20. T. II. F. 4.

Das einzige, unvollständige Tergum, welches vorhanden ist, hat eine charakteristische, sehr feine radiale Sculptur, welche erst mittelst einer Vergrösserung deutlich wird, dass man es wagen kann, es als einer neuen Art angehörend zu bestimmen. Wenn das Tergum vollständig wäre, hätte es eine subrhomboidale Form, wie z. B. bei **Poll. glaber**. Die Anwachsstreifen sind noch feiner als die übrige Sculptur.

Fundort: In den Teplitzer Schichten bei Koschtitz.

Pollicipes elongatus, *Steenstrup.* (Fig. 20.)

Reuss: Über foss. Lep. p. 23, T. 5, F. 11. — Kafka: Přísp. ku pozn. čirrip. čes. útv. křid. p. 21. T. III. F. 4. — Darwin: On the foss. Lep. p. 55, T. III. F. 5. — Steenstrup: Kroyer's Tid.-skrift 1839 p. 30.

Reuss beschrieb von Weisskirchlitz als Pollicipes sp. ein unvollständiges Tergum, welches sich als identisch mit einem in Kamajk aufgefundenen erweist und bestimmt zu der Art **Poll. elongatus** Steenstr. gehört. Es hat eine ziemlich regelmässige schief rhomboidale Form, der Carinalwinkel ist jedoch abgestumpft. Der Spitzwinkel ist scharf ausgeprägt, wogegen er auf der Zeichnung Steenstrup's abgestumpft ist, was wahrscheinlich nur zufällig vorkommt. Die Diagonale zwischen dem Spitz- und Basalwinkel wird durch eine seichte Rinne gebildet. Längs des Schliessrandes ist die Fläche des Tergum etwas eingesunken. Die Anwachsstreifen sind scharf und mit sehr feinen, dichten Linien parallel. Unser Exemplar misst 7 mm Länge.

Fundort: Kamajk, Weisskirchlitz (Korytzaner Schichten).

Figur 20. Pollicipes elongatus, *Steenstr.*
a Ein Tergum von Kamajk 4mal vergrössert.
b Ein unvollständiges Tergum von Weisskirchlitz nach Reuss.

Pollicipes conicus, *Reuss.* (Fig. 21.)[*]

Reuss: Verst. d. böhm. Kreidef. p. 17, T. V. F. 13. — Reuss: Geogr. Skizzen II. p. 216. — Reuss: Über foss. Lep. p. 23, T. II. F. 15.

Reuss beschrieb die Art nach einer einzigen Carina. Dieselbe hat einen hochgewölbten, abgerundeten Rücken ohne Spur von Kante oder Kiel, ihr Basalrand ist gerade abgestutzt und bildet einen zusammenhängenden Bogen.

Figur 21. Poll. conicus, *Reuss.*
Eine Carina von Sauerbrunnberg 2mal vergrössert nach Reuss.
a von oben, *b* von der Seite, *c* Querschnitt.

---

[*] Siehe Reuss Verst. der böhm. Kreideform. p. 17.

ohne Vorsprung eines Medianwinkels und der Seitenecken. Die Oberfläche ist glatt bis auf zarte halbringförmige Anwachsstreifen. Es gelang mir nicht die Art in Böhmen wieder aufzufinden. Nur eine Klappe von Chotzen scheint der Form und Struktur nach bisher als Rostrum zu gehören.

Fundort: Sauerbrunnberg bei Bilin.

Pollicipes unguis, *Sow.*
Reuss: Verst. d. böhm. Kreidef. p. 17, T. V, F. 41.

Die Art wurde von Reuss nach einem undeutlichen Scutum von Luschitz aus Böhmen angeführt, so dass man sie für die böhm. Kreideformation als zweifelhaft bezeichnen muss. Die in Kamajk und auch auf anderen Fundorten von Poll. glaber vorkommenden Terga (Figur 13. T.), welche in der Form sehr auf die von Poll. unguis erinnern, jedoch bestimmt zu der Art Poll. glaber gehören, da eine grosse Zahl von Formübergängen vorhanden ist.

Familie Balanidae.

Gattung (?) Balanula, *Kafka.*
Species unica.

Balanula (?) cretacea, *Kf.* (Fig. 22.)
Kafka: Präp. ku porn. cirrip. čes. utv. křid. p. 23. T. III, F. 6, a–f.

Aus den Korytzaner Schichten von Kamajk stammt eine kleine Schale, welche sowohl in ihrer Form, als auch in ihrer inneren Struktur sehr interessante Verhältnisse darbietet.

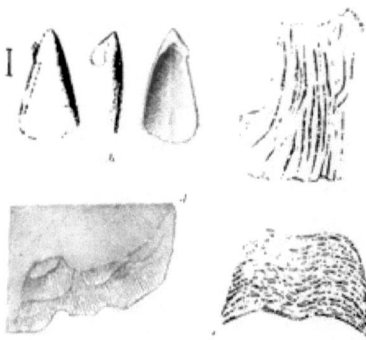

Figur 22. Balanula ? cretacea, *Kf.*
a b c Die vermuthliche Carina von oben, von der Seite und von unten final vergr. *d* Der rechte Basalrand d. Schale final vergr. *e* Eine innere Schicht a. d. Sch. de schaal vergr. *f* Ein Querschnitt durch die Schale in der Nähe des Scheitels 5mal vergr.

Es ist eine dreieckige, mässig gewölbte, gegen die Spitze stark verdickte Platte. Unter der Spitze bemerkt man einen Ueberrest von Seitenflügelchen (vielleicht alae), welche allem Anschein nach unsymmetrisch waren. Die Rückenfläche ist ziemlich glatt, längs der beiden Seitenränder mit seichten Rinnen und in der unteren Hälfte mit einer seichten Mittelrinne versehen, welcher auf der Unterfläche eine niedrige, ziemlich scharfe Rippe entspricht.

Auf dem abgebrochenen Unterrande tritt die innere Struktur der Schale deutlich auf. Sie besteht aus mehreren feinen Schichten, welche eine lamellare Struktur aufweisen. (Fig. 22. d e.) Die Lamellen liegen unregelmässig neben einander, zahlreiche leere Zwischenräume bildend. Auf dem Querschnitt der Schale (Fig. 22. f.) sieht man diese Zwischenräume als kleine, ungleich geformte Löcher, welche zwar in parallelen, jedoch unregelmässigen Reihen angeordnet sind. Die äusseren Schichten sind aus einer feinkörnigen, fast homogenen Masse gebildet, welche auf der Rückenfläche der Schale am stärksten aufgelagert ist.

Die da hervorgehobenen Eigenschaften dieses Ueberrestes lassen nur in einigen Punkten eine Aehnlichkeit mit Balaniden finden. Die Form der Schale sowie die angedeuteten wahrscheinlich unsymmetrischen Seitenflügelchen weisen auf eine grosse Aehnlichkeit derselben mit einer Carinalplatte des Balaniden testum hin.

Die innere Struktur kann man wohl nicht mit dem Septen bei den meisten übrigen Balaniden identificiren, sie kann jedoch vielleicht als eine analoge Bildung angesehen werden. Es fällt jedoch schwer die Vergleichung bei dem Mangel an Material weiter durchzuführen. Deswegen begnüge ich mich das Petrefakt blos mit einem provisorischen Namen zu bezeichnen. — Fundort: Kamajk.

Ordnung Ostracoda.[*]

Familie Cypridae, Zenk. (Zittel p. ...)

Die Schalen klein, meist nierenförmig oder länglich oval, dünn, hornig oder hornig kalkig. Eine einzige Kreide-Gattung Bairdia existirt schon in den Primärformationen und zählt noch einige recente marinen Formen.

Gattung Bairdia, M. Coy.

Die Schale subtrigonal, rhomboidisch oder länglich oval, ungleichklappig, ziemlich stark, glatt oder nur schwach punktirt, meist in der Mitte am breitesten, vorn und hinten zuweilen mit einem zahnartigen Vorsprung. Das Schloss wird durch den stark übergreifenden Rand der linken Schale gebildet.

Bairdia subdeltoidea, v. Münster. (Fig. 23.)

Reuss: Verst. d. bohm. Kreidef. I. p. 46, T. V, F. 58. — Reuss: Die Ostracoden d. sachs. Pläners, Geinitz d. Elbthalg. in Sachs. II. p. 110, T. 26, F. 3. — Kafka: Kritisches Verzeich. d. Ostrac. p. 2. — Kafka: Skořepatí raěvi čes. útv. křid. „Vesmír" XV. p. 101.

Die Schalen sind subtrigonal, 1 bis 1·5 mm lang, stark gewölbt und glatt. Nur unter dem Mikroskope zeigen sie selten eine Spur von vertieften Punkten, welche nach Bosquet's Meinung von vorhandenen gewesenen Haaren herrühren.

Diese Species reicht vom unteren Cenoman bis in die oberen Senon-Schichten und weiter durch die gesammten Tertiärablagerungen bis in das Pliocän und gehört auch zu den häufigsten Formen unserer Kreide.

Fundort: In den turonen Weissenberger Schichten bei Semitz, Drinow, Weisser Berg, Přerov, in den senonen Teplitzer und Priesener Schichten bei Koschtitz (sehr häufig), Luschitz und Priesen.

Figur 23. Bairdia subdeltoidea, Münst. sp. Von Koschtitz.

Bairdia modesta, Reuss. (Fig. 24.)

Reuss: Geinitz Elbthlgb. II. p. 112, T. 26, F. 10, 11. — Kafka: Krit. Verzeich. p. 2. — Kafka: Skořep. račvi „Vesmír" XV. p. 101.

Die Schale ist länglich oval, auf dem Ventralrand fast gerade, auf dem Dorsalrand flach bogenförmig. Das vordere breite Ende ist schief zugerundet, das hintere verschmälert sich zu einer deutlichen, jedoch meist stumpfen Spitze. Die Schalen sind mässig gewölbt, am stärksten in der vorderen Hälfte in der Nähe der Mitte ihrer Länge. Die Art variirt sehr in der Länge und Breite der Schale.

Fundort: In den turonen Weissenberger Schichten bei Semitz selten, häufiger in den Teplitzer Senon-Schichten von Koschtitz.

Figur 24. Bairdia modesta, Reuss. Von Koschtitz.

Bairdia arcuata, var. faba Reuss. (Fig. 25.)

Cytherina faba Reuss: Verst. d. bohm. Kreidef. T. 24, F. 13. — Reuss: Geinitz Elbthlgb. II. p. 114, T. 26, F. 8. Reuss: Ein Beitrag zur Kennt. d. Kreidegeb. Mecklenburgs Zeitschr. d. d. geol. Ges. 18. — Kafka: Krit. Verz. p. 2. — Kafka: Skoř. račvi „Vesmír" p. 101.

Die Schalen sind wie bei der vorigen Art länglich oval, etwas bohnenförmig; der Ventralrand ist fast gerade, nur in der Mitte seicht eingebogen, der Dorsalrand mässig gebogen.

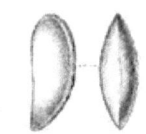

Figur 25. Bairdia arcuata, var. faba Reuss. (Nach Reuss.)

[*] Diese Ordnung wurde unter meiner Leitung vom Herrn Assistenten des Kafka bearbeitet und ein vorläufiger Bericht darüber in den Sitzungs-berichten der königl. böhm. Gesellschaft der Wissenschaften in Prag 1885 publicirt. Eine gemeinfassliche Darstellung wurde von demselben in der Zeitschrift „Vesmír" veröffentlicht.

Das Vorderende ist fast regelmässig zugerundet, das Hinterende schärfer als bei der vorigen Art zugespitzt. Es gibt jedoch in dieser Hinsicht viele Varietäten. Die Schalen sind mässig gewölbt, am stärksten in der Mitte.

Die Art wurde von Jones der Gattung **Macrocypris** zugewiesen, jedoch von Reuss als B. arcuata var. faba endgültig bestimmt.

Fundorte: In den Turonen Weissenberger Schichten von Semitz selten; häufiger in den Teplitzer Senon-Schichten von Koschtitz und den Priesener Schichten bei Priesen; seltener in den letztgenannten Schichten bei Luschitz.

Bairdia depressa, *Kf.* (Fig. 26.)

Kafka: Kritisches Verzeichniss d. Ostracoden d. böhm. Kreidef. p. 2. T. 1. F. 1. a b. — Kafka: Skor. rakví čes. útv. křídového "Vesmír" XV. p. 104.

Figur 26. **Bairdia depressa**, *Kf.* Von Koschtitz. Nach der Natur 50mal vergr.

Die Form der Schale ist der von Cytherella Münsteri Röm. sp. ähnlich. Sie ist jedoch verhältnissmässig breiter und die Rückenansicht zeigt einen noch grösseren Unterschied in der Wölbung, da die Schalen dieser Art sehr gleichmässig und flach gewölbt sind. Wie bei den übrigen Bairdien ist auch hier die Oberfläche der Schale glatt und glänzend und die linke Schale grösser als die rechte. Es kommen jedoch beide Schalen in Verbindung selten vor.

Fundort: In den Teplitzer Senon-Schichten bei Koschtitz kommt die Art öfters vor.

Familie **Cytheridae**. *Zenk.*

Die Schalen meist sehr klein und ungleichklappig; länglich oval, nierenförmig oder gerundet vierseitig. Ihre Oberfläche glatt, öfters aber punktirt, rauh, knotig oder stachelig, häufig mit einem deutlichen, glatten und durchscheinenden Augenhöckerchen versehen. Der Schlossrand der rechten Klappe mit zwei Zähnchen, der linken mit zwei Grübchen.

I. Gattung **Cythere**, *Müller.*

Die Schale nierenförmig oder gerundet vierseitig; im letzten Falle meist am Vorderende am breitesten; stark, auf der Oberfläche glatt, öfters aber mit einer mannigfaltigen punktirten, netzförmigen, höckerigen oder stacheligen Struktur. Zwischen den kräftigen Schlosszähnen der rechten Klappe befindet sich eine Längsleiste, welche einer Furche auf der linken Schale entspricht.

Cythere concentrica, *Reuss.* (Fig. 27.)

Reuss: Verst. d. böhm. Kreidef. II. p. 105. T. 24. F. 22. — Reuss: Geinitz Elbthalgb. II. p. 144. T. 27. F. 4. — Kafka: Kritisch. Verzeichniss p. 3. — Kafka: Skořepati raáci. "Vesmír" XV. p. 124.

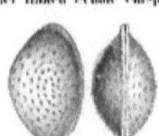

Figur 27. **Cythere concentrica**, *Rss.* (Nach Reuss.)

Die Schalen oval, auf beiden Enden ziemlich gleich abgerundet und stark gewölbt. Der Dorsalrand stark, der Ventralrand mässig gebogen. Die Oberfläche ist mit concentrischen Furchen bedeckt, auf deren Grunde feine Grübchen sich befinden.

Fundorte: Nach Reuss selten in den Priesener (Senon) Schichten von Luschitz und Lemeschitz.

Cythere Karsteni, *Reuss.* (Fig. 28.)

Reuss: Verst. d. böhm. Kreidef. II. p. 104. T. 24. F. 19. — Reuss: Geinitz Elbthalgb. II. p. 145. T. 27. F. 2. — Kafka: Kritisch. Verzeichniss p. 3. — Kafka: Skořepati raáci. "Vesmír" XV. p. 124.

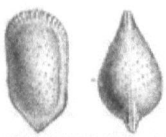

Figur 28. **Cythere Karsteni**, *Rss.* (Nach Reuss.)

Die Schalen gerundet vierseitig, am Vorderende mit einem flachen Bogen abgerundet, am Hinterende in einen kurzen, stumpfwinkeligen, dreiseitigen Lappen ausgezogen, stark gewölbt, am stärksten gegen das hintere Ende. Der vordere Randsaum zeigt bei stärkerer Vergrösserung eine sehr feine radiale Streifung und die glasig glänzende Oberfläche eine feine und spärliche Punktirung.

Fundorte: Nach Reuss selten in den Priesener Schichten bei Luschitz, Lemeschitz und Brozan.

Sämmtliche Arten, welche nicht wieder aufgefunden wurden, sind nach Reuss (Geinitz Elbthalgb.) kurz charakterisirt und ihre Abbildungen nach den Reuss'schen copirt.

Cythere semiplicata, *Reuss.* (Fig. 29.)

Reuss: Verst. d. böhm. Kreidef. II. p. 104, T. 24, F. 16. — Reuss: (Geinitz Elbthgb. II. p. 145, T. 27, F. 3. — Kafka: Kritisch. Verzeichniss p. 5. — Kafka: Skořep. raëví. „Vesmír" XV. p. 121.

Die Schalen im Umrisse schiefseitförmig, vorne breit, schief bogenförmig und mit einem erhöhten Saum versehen, hinten schmäler, einen kleinen, undeutlich dreiseitigen Lappen bildend. Der hintere, gewölbteste Theil trägt drei feine, niedrige Längsrippen, welche bis zur Mitte der Schale oder wenig darüber hinaus reichen und meist abgerieben sind.

Figur 29. Cythere semiplicata, *Rss.* Figur 30. Cythere ornatissima, *Rss.*

Fundorte: Nach Reuss selten in den Priesener Schichten bei Luschitz und Priesen.

Cythere ornatissima, *Reuss.* (Fig. 30.)

Reuss: (Cythere ciliata- Verst. d. böhm. Kreidef. II. p. 104, T. 24, F. 12, 18. — Reuss: (Geinitz Elbthgb.) II. p. 146, T. 27, F. 5, 6. — Kafka: Skořep. raëví. „Vesmír" XV. p. 121.

Die Schalen sind verlängert vierseitig, vorne breiter, mit einem schiefen Bogen abgerundet und mit einem ziemlich breiten, verdickten Saume versehen, welcher mit kleinen Höckern besetzt und am Rande fein gezähnt ist. Das hintere, schmälere Ende läuft in einen dreiseitigen, gewöhnlich gezähnelten Lappen aus; der Dorsal- und Ventralrand sind fast gerade, mit unregelmässigen Zähnen und Höckerchen besetzt und von einem gezähnelten Kiel begleitet, welcher längs des Ventralrandes höher und deutlicher entwickelt ist. Von den deutlichen Schlossohren trägt das vordere einen kugeligen, glänzenden Schlosshöcker. Auch die übrige Oberfläche der Schale ist mit unregelmässigen Höckerchen bedeckt, welche mit dem zunehmenden Alter der Schale häufiger und grösser werden und die Struktur, welche man an der Oberfläche der jungen Exemplare wahrnimmt, gänzlich verwischen. Diese Struktur besteht aus feinen, durch dünne Zwischenwände geschiedenen Grübchen und gibt der Schale ein netzförmiges Aussehen. Die Schalen sind ziemlich stark gewölbt; die Wölbung steigt von dem zusammengedrückten, dreiseitigen Lappen fast senkrecht empor und fällt nach vorn langsam ab.

Figur 31. Cythere Geinitzi, *Rss.*

Fundorte: In den Teplitzer (Senon-)Schichten bei Koschtitz ziemlich häufig, selten bei Kystra und nach den Reuss'schen Angaben in den Priesener Schichten von Brozan, Luschitz und Leneschitz.

Cythere Geinitzi, *Reuss.* (Fig. 31.)

Reuss: (Geinitz Elbthgb.) II. p. 146, T. 27, F. 4. — Kafka: Kritisch. Verzeichniss p. 5. — Kafka: Skořep. raëví. „Vesmír" XV. p. 121.

In der Form der Schale der vorigen Art ziemlich ähnlich, jedoch schlanker und viel weniger gewölbt. Die Wölbung ist zwar auch in dem hinteren Ende der Schale die stärkste, steigt jedoch von dem dreiseitigen, nicht zusammengedrückten Lappen allmählich auf und senkt sich nach vorne dachförmig ab. In der übrigen Anordnung und Struktur nahmt die Art sehr auf die jungen Cyt. ornatissima auf; nur die Höckerchen sind spärlicher und kleiner.

Fundorte: Ziemlich häufig in den Teplitzer (Senon-)Schichten bei Koschtitz.

Cythere reticulata, *Kf.* (Fig. 32.)

Kafka: Kritisch. Verzeichniss p. 3, T. I, F. 2. — Kafka: Skořep. raëví. „Vesmír" XV. p. 151.

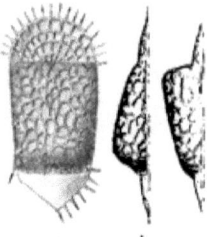

Figur 32. Cythere reticulata, *Kf.* a Seitenansicht, b c Bauchansichten von zwei verschiedenen Exemplaren von Koschtitz. 50mal vergr.

Diese Art ist eine der interessantesten Formen des Koschtitzer Fundortes. Die Schalen sind vierseitig, vorne in einem vollen Halbkreis abgerundet, hinten in einen dreiseitigen, zusammengedrückten Lappen auslaufend. Der halbkreisförmige, vordere Rand, sowie die Schlossseite des rückwärtigen Lappens sind mit langen dünnen Stacheln besetzt, die jedoch meist abgebrochen sind. Auch der vordere halbkreisförmige Theil ist wie der rückwärtige Lappen zusammengedrückt und koncentrisch mit erhabenen Rippen gezittert. Der mittlere Theil der Schale ist ziemlich stark, jedoch unregelmässig gewölbt, bald zum vorderen, bald zum rückwärtigen Ende sich neigend oder fast senkrecht

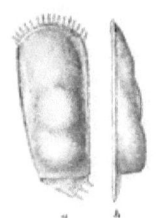

Figur 33. **Cythere gracilis**.
Kf.
a Seitenansicht, b Bauchansicht. 50mal vergr.

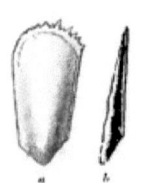

Figur 34. **Cythere cuneata**.
Kf.
a Seitenansicht, b Bauchansicht. 50mal vergr.

Figur 35. **Cythere nodifera**.
Kf. 50mal vergr.

Figur 36. **Cythere serrulata**.
Reuss, von Koschtitz. 50mal vergr. a Seitenansicht, b Bauchansicht.

abfallend. Seine Oberfläche trägt eine netzförmige Structur, welche aus erhabenen Rippen besteht, die viele, unregelmässige, vielseitige Grübchen umgrenzen.

Fundort: In den Teplitzer (Senon-)Schichten bei Koschtitz nicht selten, jedoch öfters ziemlich abgerieben.

Cythere gracilis, Kafka, (Fig. 33.)

Kafka: Kritisch. Verzeichniss p. 4, T. I, F. 5. — Kafka: Skorep. raci. „Vesmir" XV. p. 154.

Die Klappen sind verlängert vierseitig, am Vorderende mit einem kleinen, fein stacheligen Bogen abgerundet, am rückwärtigen Ende in einen zusammengedrückten, dreiseitigen Lappen auslaufend, der an der Schlossseite mit drei feinen Stacheln versehen ist. Die Schale ist ziemlich stark gewölbt; die Wölbung hebt sich von dem hinteren Lappen fast senkrecht empor und dacht sich nach vorne langsam ab, in der Mitte eine Vertiefung mit einer erhöhten, rundlichen, glatten Centraltuberkel bildend. Die Oberfläche der Schalen ist glatt und glänzend.

Fundort: In den Teplitzer (Senon-)Schichten bei Koschtitz ziemlich häufig.

Cythere cuneata, Kafka, (Fig. 34.)

Kafka: Kritisch. Verzeichniss p. 4, T. I, F. 4. — Kafka: Skorep. raci. „Vesmir" p. 154.

Die Schalen sind vierseitig, vorne mit einem breiten, unregelmässig gezähnelten Bogen abgerundet, rückwärts in eine kielförmige Spitze auslaufend. Der Dorsal- und Ventralrand sind fast gerade, nach vorne stark divergirend. Die mässige Wölbung der Schale erhebt sich allmählich von dem vorderen Bogen bis zu der rückwärtigen Spitze, welche ziemlich weit über den Hinterrand der Schale überragt. Die Oberfläche ist ohne besondere Sculptur, jedoch rauh und nicht glänzend.

Fundort: Selten in den Teplitzer (Senon-)Schichten bei Koschtitz.

Cythere nodifera, Kafka. (Fig. 35.)

Kafka: Kritisch. Verzeichniss p. 4, T. I, F. 3. — Kafka: Skorep. raci. „Vesmir" XV. p. 154.

Die vierseitigen Schalen sind breiter als bei der vorigen Art, vorne schiefbogenförmig abgerundet, rückwärts in einen sehr kurzen, dreiseitigen Lappen auslaufend. Der Dorsal- und Ventralrand sind mässig gebogen und gegen das vordere Ende stark divergirend. Längs des Ventralrandes verläuft eine seichte Rinne, welche eine erhöhte mittlere Partie abgrenzt, die inmitten eine kleine, nabelförmige Erhöhung trägt. Die Oberfläche ist glatt und glänzend.

Fundort: Selten in den Teplitzer Schichten bei Koschtitz.

Cythere serrulata, Reuss. (Fig. 36.)

Cytherina cornuta, Reuss, Cyth. spinosa Reuss. — Reuss: Verst. d. bohm. Kreidef. II. p. 105, T. 24, F. 20, 21. Reuss: Gosnitz Elbthgb. II. p. 118, T. 27, F. 8. — Kafka: Kritisch. Verzeichniss p. 5. — Kafka: Skorep. raci. „Vesmir" XV. p. 154.

Die vierseitig-eiförmigen Klappen sind am vorderen Ende schief halbkreisförmig, am hinteren in einen breiten, zusammengedrückten, undeutlich dreiseitigen Lappen ausgezogen. Bei unserem Exemplare sind die Ränder der Lappen dunkler, ebenso der Vorderrand der Klappe wie bei den Reussischen Exemplaren nicht gezähnt, was wahrscheinlich nur einem schlechteren Erhaltungszustande zuzuschreiben sei. Der vordere Randsaum bildet längs des Ventralrandes einen starken Kiel, der sich nach hinten immer mehr erhebt und am Anfange des Hinterlappens fast senkrecht abgeschnitten in einen spitzigen Dorn endigt. Der freie Rand des Kieles ist nicht gekerbt. Im hinteren Theile sind die Schalen in der Gegend des

Kieles am stärksten gewölbt, dachen sich nach vorne allmählich ab. Die Form und Ausbildung des Kieles variirt bedeutend.

Fundorte: Koschtitz (Teplitzer Sch.) nicht häufig, nach Reuss in den Priesener Schichten (Senon) bei Luschitz, Brozan und Leneschitz.

Cythere elongata, *Reuss.* (Fig. 37.)

Reuss: Geinitz Elbthlgb. II. p. 154. T. 28. F. 11. — Katka: Kritisch. Verzeichniss p. 5. — Katka: Skošep, rádci. „Vesmir" XV. p. 157.

Die verlängert vierseitige Schale ist verhältnissmässig schmal, vorne schief gerundet, nach hinten in einen schief-dreieckigen Lappen endigend, dessen Unterrand mit vier spitzigen Zähnen besetzt ist. Der Vorderrand sowie die Seitenränder sind mit einem verdickten Saume umgeben. Diesem Randsaume zunächst ist die Schale überall niedergedrückt und nur in der Mitte erhebt sie sich zu einem in dem hinteren Theile etwas höheren Längswulst. Die Oberfläche der Schale ist überall mit feinen Erhabenheiten und Grübchen bedeckt.

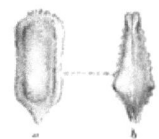

Figur 37. **Cythere elongata**, *Reuss*. (Nach Reuss.)

Fundorte: Selten in Koschtitz. (Von Reuss nur von Plauen in Sachsen angeführt).

II. Gattung **Cytheridea**, *Bosqu.*[?]

Die Schale dick, oval bis dreiseitig, in der Mitte am breitesten, glatt oder grubig, zuweilen mit koncentrischen Runzeln und gezähneltem Rand. Der Schlossrand der rechten Schale statt einfacher Zähne mit zwei Reihen von Höckerchen, welche durch einen ebenen oder gezähnelten Zwischenraum getrennt sind; linke Klappe mit entsprechenden Grübchen.

Figur 38. **Cytheridea perforata**, *Roem. sp.* (Nach Reuss.)

Cytheridea perforata, *Roem. sp.* (Fig. 38.)

Cytherina Hilseana, Roem. D.; Verst. d. norddl. Kreidegb. p. 104. T. 16. F. 17. — Reuss: Verst. der bohm. Kreidef. p. 16. T. 5. F. 29. — Reuss: (Geinitz Elbthlgb.) II. p. 149. T. 27. F. 9. 10. — Katka: Krit. Verzeich. p. 5. — Katka: Skošep. rádci. „Vesmir" XV. p. 175. — Frič: Weissenb. u. Maln. Sch. p. 146.

Die Schalen schief-eiförmig, stark gewölbt. Das vordere Ende breit und schief gerundet, das hintere sich zur stumpfen Spitze verschmälernd. Der Ventralrand fast gerade, der Dorsalrand stark gekrümmt. Die glänzende Schalenoberfläche zeigt bei stärkerer Vergrösserung sehr feine Grübchen.

Fundorte: Drinov (Weissenberger Sch.), Koschtitz (Teplitzer Sch.), nach Reuss bei Kröndorf und Priesen (Priesener Sch.).

III. Gattung **Cytherideis**, *Jones.*[?]

Schale mehr oder weniger dreieckig, glatt, punktirt oder höckerig. Schlossrand einfach, links der mittlere Theil desselben etwas unter die rechte Klappe eingebogen. Ventralrand theilweise gekrümmt.

Figur 39. **Cytherideis laevigata**, *Roem. sp.* Von Koschtitz. Stumpf vergr. Drinov (Weissenberg. Sch.).

Cytherideis laevigata, *Roem. sp.* (Fig. 39.)

Cytherina attenuata, Reuss: Verst. d. bohm. Kreidef. II. p. 104. T. 24. F. 15. — Reuss: (Geinitz Elbthlgb.) II. p. 150. T. 28. F. 1. 3. Katka: Kritisch. Verzeichniss p. 5. — Katka: Skošep. rádci. „Vesmir" XV. p. 175.

Die Schalen klein, schwach gewölbt, in der Breite der schief-eiförmigen Form sehr veränderlich, am vorderen Ende gerundet, am hintern zugespitzt, der Dorsalrand bogenförmig, der Ventralrand seicht eingebogen. Der Ventralrand der rechten Klappe bildet in der Mitte eine deutliche Platte, welche über den Ventralrand der linken Klappe hinübergeht. Die Oberfläche glatt und glänzend.

Fundorte: Sehr häufig in den Teplitzer Sch. bei Koschtitz, nach Reuss in den Priesener Sch. bei Leneschitz, Luschitz, Brozan und Kystra.

*) Siehe Zittel p. 557. — (**) Siehe Zittel p. 558.

Familie **Cytherellidae**.

Die Schalen sehr klein, ungleichklappig, dick, kalkig, vorn ohne Ausschnitt.

Gattung **Cytherella**, *Bosq.*)

Die Schale länglich, flach, dick und fest, sehr ungleichklappig, rechte Klappe viel grösser als die linke und am ganzen Ventralrand übergreifend, am unteren Rand mit einer Rinne, in welche die rechte Schale sich einfügt.

Cytherella ovata, *Roem. sp.* (Fig. 40.)

Cytherina complanata, Reuss: Verst. d. böhm. Kreidef. I. p. 16. T. 5. F. 31, 35. — Reuss: Gcinitz Elbtldgb.) II. p. 151. T. 28. F. 4. 5.
Roemer: D. Verst. d. norddl. Kreidegb. p. 104. T. 16. F. 21. — Kafka: Krit. Verzeich. p. 5. — Kafka: Skolep. čáčk. „Vesmír" XV. p. 175.

Die Form der Schalen ist sehr veränderlich. Hauptsächlich kann man zwei Formengruppen unterscheiden; die eine mit eiförmigen, beinahe gleichseitigen Klappen — die echte C. ovata, welcher die meisten unseren Exemplare am nächsten stehen (Fig. 40. c), und die andere mit mehr oder weniger eingebogenem Ventralrand, wodurch

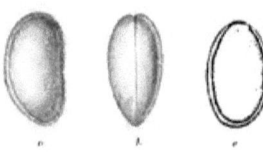 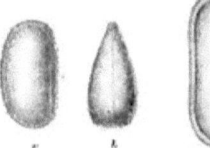

Figur 40. Cytherella ovata, *Roem. sp.*
a b Nach Reuss. c Linke Seitenansicht. b Bauchansicht, c ein Exemplar von Koschtitz von einer mehr ovalen Form.

Figur 41. Cytherella Muensteri, *Roem. sp.*
a b var. parallela nach Reuss. c Linke Seitenansicht. b Bauchansicht, c var. solenoides von Koschtitz.
8mal vergrössert.

die Schalen einen mehr nierenförmigen Umriss annehmen (Fig. 40. a. b), so dass diese Form Bosquet als C. reniformis bezeichnet hat. Es gibt jedoch zahlreiche Zwischenformen und die Identität beider Species hat schon Reuss festgestellt. — Beide Enden der Schale sind zugerundet, das hintere meist bei jungen Exemplaren schmäler; der Dorsalrand ist gleichmässig und je älter das Individuum ist, in der Mitte stärker gebogen. Der Ventralrand biegt sich dagegen mit zunehmendem Alter stärker ein. Auch die Convexität der Schalen nimmt mit dem Alter zu.

Fundorte: Eine der häufigsten Formen in den Teplitzer Sch. bei Kutschlin und Koschtitz und in den Priesener Sch. bei Leneschitz und Priesen.

Cytherella Muensteri, *Roem. sp.* (Fig. 41.)

Cytherina parallela, Reuss: Verst. d. böhm. Kreidef. I. p. 16. T. V. F. 33. — Reuss: (Geinitz Elbtldgb.) II. p. 152. T. 28. F. 6. 7. — Kafka: Krit. Vera. p. 6. — Kafka: Skolep. čáčk. „Vesmír" XV. p. 176. — Cyther solenoides Rss. = Cyther Muensteri var. solenoides Rss.

Die Mannigfaltigkeit der Schalenform dieser Species ist eine sehr grosse; sie variiren in der Länge und Breite, sowie in der Biegung des Dorsalrandes und Beschaffenheit des Hinterendes. Ein Extrem bilden die langen Formen mit parallelen Rändern, welche Reuss als C. solenoides (Fig. 41. c) bezeichnet hat. Denselben stehen am nächsten die kürzeren, in der Form ähnlichen Exemplare, welche von Reuss als C. parallela beschrieben und später zu dieser Species gestellt wurden. Unsere Exemplare gehören zu beiden diesen Formen. Die kleineren haben einen mässig gebogenen Dorsalrand und schwach eingebogenen Ventralrand; beide Enden sind zugerundet; das vordere regelmässiger als das hintere. Die Wölbung der Schalen ist am hinteren Ende die stärkste. Die Oberfläche ist glatt, meist matt, selten glänzend. Die längeren Formen haben beide Ränder parallel und die Enden flach bogenförmig. Sie können als C. Muensteri var. solenoides bezeichnet werden.

Fundorte: Nicht selten in den Teplitzer Schichten bei Koschtitz und in den Priesener bei Luschitz.

Siehe Zittel p. 556.

Cytherella asperula, *Reuss.* (Fig. 42.)

Reuss: Verst. d. behm. Kreidef. I. p. 16. T. V. F. 37. — Reuss: Geogn. Skizzen II. p. 217. — Katka: Kritisch. Verzeichniss p. 6. —
Katka: Skotep. rúčei. Vesmír XV. p. 176.

Die Art beschrieb Reuss aus den Teplitzer Sch. von Koschtitz und Rannay, wo sie einzeln vorkommt. Es gelang uns nicht dieselbe wieder aufzufinden und wir versuchen hier die winzig kleine Abbildung Reuss's vergrössert darzustellen. Nach Reuss ist dieselbe 0·5—0·75''' lang, schmal, fast dreimal so lang als hoch, an einem Ende breiter (gewölbt?), an dem anderen sich allmählich verschmälernd. Die Seitenränder gewölbt, zum unteren gerade abgeschnittenen oder auch etwas eingebogenen Rande steil, zum oberen flachbogenförmigen allmählich abfallend. Oberfläche rauh.

Fundorte: Einzeln in den Teplitzer Schichten bei Koschtitz und Rannay.

Figur 42. **Cytherella asperula,** *Reuss.* Vergrösserte Abbildung Reuss's.

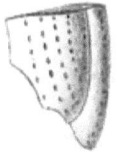
Figur 43. **Cytherella** (?) *sp.* Schalenbruchstück von Koschtitz 50mal vergr.

Cytherella (?) *sp.* (Fig. 43.)

Katka: Krit. Verzeich. p. 6.

Auf den Koschtitzer Platten kommen zahlreiche Schalenbruchstücke vor, welche sehr wahrscheinlich auch einer, nicht näher bekannten Ostracodenart angehören. Die Figur 43. gibt eine Abbildung von einem solchen Bruchstücke, auf welchem der Schalenrand und die in Reihen geordneten Grübchen auf der sonst glatten Oberfläche der Schale zu sehen sind. Derselbe weist darauf hin, dass diese Ostracodenart im Verhältnisse zu den übrigen Kreideostracoden von einer sehr bedeutenden Grösse war.

Die Vergleichung der Verhältnisse, in welchen die Cirripeden und Ostracoden in unserer Kreideformation und in jener der anderen Länder vorkommen, bietet einige interessante Momente dar.

Die Gattung Scalpellum, abgesehen von den vier Arten, welche nur aus Böhmen bekannt sind, ist noch durch vier Arten vertreten, welche im Auslande meistens im Senon, bei uns aber hauptsächlich in den cenomanen Korytzaner Schichten vorkommen, wo auch Sc. quadratum Darw., bisher nur aus dem Eocen bekannt, ziemlich häufig ist. Diese Erscheinung wiederholt sich theilweise auch bei der Gattung Pollicipes. So kommt die senone Art Poll. fallax Darw. bei uns nicht nur in den Senonschichten, sondern auch im Cenoman vor. Nur Pollicipes glaber Roem. und Loricula weisen in dieser Richtung keine Verschiedenheiten auf. Von einigem Interesse ist die Erscheinung der fraglichen Balanula, welche, wenn sich ihre Bestimmung bestätigen möchte, als der älteste Ueberrest der Balaniden zu betrachten wäre.

Die Ostracoden sind auch in unserer Kreideformation meistens auf senone Schichten beschränkt. Nur die Bairdien und Cytheridea perforata Roem. sp. kommen auch in den turonen Weissenberger Schichten vor.

Malacostraca. — Ordnung Decapoda.
Unter-Ordnung: Macrura.

Familie **Palinuridae**.

Körper cylindrisch oder flach mit verkalktem Hautpanzer; Cephalothorax wenig breiter als der Hinterleib; Rostrum ausgebreitet, kurz oder mittelgross. Innere Antennen mit langem Schaft und kurzen Geisseln; äussere Antennen ohne Schuppe, mit stark entwickelter Geissel oder breit blattförmig. Sternum zwischen den 5ten Beinpaaren breit dreieckig, nach vorn verschmälert. Sämmtliche Gehfüsse mit Klauen, nur bei den Weibchen das hinterste Fusspaar zuweilen mit Scheere. Epimeren des Hinterleibs ziemlich gross, meist zugespitzt.

Gattung **Podocrates**, *Becks 1850*.[*]
(Thenops Bell. 1857.)

Charaktere der Gattung nach Schlüter.

Schale niedergedrückt, breit, rechteckig; mit drei scharfen Längskielen am Rücken, von denen der mittlere sich in der Vorderregion zersplittert; durch eine tiefe Nackenfurche ungleich getheilt; mit breitem dichotomen Stirnschnabel, hinter welchem in der Mittellinie eine flache Vertiefung liegt; Branchialgegend von der Mittelkante dachförmig abfallend. In der hinteren Thoraxpartie fallen die Seiten von äusseren Kielen zum Schalsaume rechtwinkelig ab. Aeussere Antennen sehr stark entwickelt. Dem dritten Basalgliede mit tiefer Längsfurche versehene Geisseln eingelenkt. Episthom sehr gross — Mandibulen stark weit vortretend — Sternalschild breit, gross, Gangfüsse lang, fast von gleicher Stärke; das hintere Paar abweichend. Letzter Thoraxring frei — Abdominal-Segmente von einem mittleren Kiele an den Seiten abfallend.

Diese Gattungskennzeichen wurden später noch durch die Auffindung eines besseren Exemplars in Beziehung auf das Postabdomen vervollständigt. (Schlüter Zeitschrift d. d. geol. Gesellschaft 1879 pag. 603.)

„Das erste Segment ist kürzer als alle folgenden, welche allmählich mehr an Breite und weniger an Länge abnehmen; nur das sechste Segment ist wieder länger als die nächst vorhergehenden.

Die Epimeren des zweiten, dritten, vierten und fünften Segments laufen seitlich in drei kräftige Dornen aus und führen ausserdem am hinteren Rande noch ein Paar kleine Dornen. Das sechste Segment spitzt sich zu einem einzigen seitlichen Dorn zu, führt aber ausserdem am seitlichen Hinterrande ebenfalls mehrere verkümmerte Dornen.

Die vier ersten grossen Segmente erheben sich dachförmig zur Mittellinie und führen hier je zwei Dornen oder Höcker."

Podocrates Dulmensis, *(Becks) Schlüter.* (Fig. 44.)

Podocrates Dulmensis Becks in der Sammlung des Gymnasiums zu Munster. — Geinitz: Quadersandsteingebirge pag. 86, T. H. F. 6, a, b. Schlüter in Zeitschrift der deutsch. geol. Gesellschaft XIV, 1862 pag. 715, T. XII. F. 1—3, XXXI. 1879 pag. 603, T. XIII. Fig. 1, 2. Podocratus Schlüteri Tribolet. (Bul. soc. geol. d. France 1874 pag. 562.)

Taf. 3. Fig. 1, 2. Textfigur Nro. 44.

Von der Gattung Podocrates war während der ganzen Sammelperiode von mehr als 30 Jahren keine Spur in der böhmischen Kreideformation vorgekommen. Da erhielt ich im Jahre 1884 auf einmal zwei prachtvolle

---

[*] Bezüglich der Schreibweise Podocrates vergleiche Schlüter Zeitschrift der deutsch. geol. Gesellschaft 1862 pag. 712.

Familie Palinuridae.

Exemplare in den grossen Plänerbrüchen bei Vinař unweit Hohenmauth. Dieselben entstammen aus den Fischknollen, die an der Basis der Iserschichten liegen und durch das Vorkommen von Haler Sternbergii charakterisirt sind.

Das kleinere Exemplar (wahrscheinlich ein Männchen) wurde in einer faustgrossen, ovalen zugehauenen Kugel gefunden, die vor Zeiten als Gewicht bei einer Thür gedient hat und wurde, nachdem sie mehrere Menschenalter in einer alten Mauer steckte, vom Landmann Herrn Novák aufgefunden und unserem Museum geschenkt. Ich reinigte das Negativ und fertigte einen Gypsabguss an, der zur Grundlage der Abbildung und Beschreibung mit gedient hat. (Taf. 3, Fig. 1.)

Dieses Exemplar besteht aus dem ganzen Cephalothorax und den grossen Basalgliedern der Antennen.

Im Gesammtaussehen stimmt der Cephalothorax mit dem von Schlüter abgebildeten*), nur sind die Höcker und die Seitendornen markanter entwickelt. Es ist aber darauf kein grosses Gewicht zu legen, da dies individuell nach Alter und Geschlecht variirt haben mag.

Die Basalstücke der Antennen sind fast so lang als breit und tragen am Aussenrande drei starke vorspringende, nach vorne gerichtete Spitzen. Vor dem linken Seite liegt ein mehrgliedriges schmales, Antennen ähnliches Stück, das entweder den vorderen Antennen als Aussenglied angehört oder einen stark nach vorne verschobenen Kaufuss darstellt. Die Geisseln der äusseren Antennen sind es sicher nicht, denn diese waren nach Schlüter's Abbildung (Taf. 12. Fig. 1.) stark und lang wie bei einem Palinurus.

Nach innen von diesen sieht man Fragmente des inneren Geissels der Vorderantenne, und zwar einige Glieder am vorderen Stirnrande, andere mehr nach vorne hin. Die Erhaltungsweise lässt keine sichere Deutung zu.

Der Cephalothorax ist durch die Nackenfurche in zwei Partien getheilt. Am vorderen Theile stimmen die Höcker und Dornen mit denen bei P. Dulmensis ziemlich überein; am hinteren laufen die Höcker der Mittelkante als auch die Spitzen der beiden Seitenkanten nach vorne spitz aus. Der hinterste Theil des Cephalothorax ist abgebrochen, so dass hier das Grössenverhältniss der beiden Partien nicht sichergestellt werden kann.

Das zweite Exemplar erhielt ich zur selben Stunde von dem Steinmetzmeister Wenzel Doskočil. Dasselbe gehört einem viel grösseren Individuum an, bei dem die Höcker und Spitzen viel weniger ausgeprägt sind. Da auch der ganze Hintertheil des Cephalothorax gewölbter erscheint, so glaube ich, dass wir ein erwachsenes Weibchen derselben Art vor uns haben.

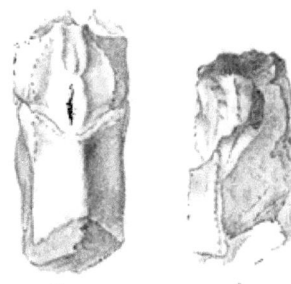

Figur 44. **Podocrates Dulmensis.** Rss. Aus Kreidlingswalda. Copie nach Geinitz. *a* von oben, *b* von der Seite. Nat. Grösse.

Auffallend entwickelt sind zwei schmale Wülste, welche sich zu beiden Seiten der unbedornten Mittelkante bis zur Hälfte der hinteren Partie hinziehen und bei dem kleineren Exemplare nur schwach angedeutet waren.

Vom Postabdomen ist der mittlere Theil von 5 Segmenten erhalten; jedes trägt am mittleren Längskiel stumpfe, schmale Längshöcker und auch sind Spuren der drei Dornen an den Epimeren der Segmente vorhanden, wie dieselben Schlüter (1879 Taf. XIII.) abbildet.

Es ist wohl kein Grund vorhanden diese Exemplare als eine von Podocrat. Dulmensis verschiedene Art zu betrachten (die ich zuerst als Podocrates bohemicus aufstellen wollte), denn es ist doch kein Zweifel, dass dies eines der ältesten Glieder der Reihe ist, welche sich von der mittleren Kreide an über die jüngste bis zum Eocén (Thenops scyllariformis, Bell) erhalten hat.

Von Vinař besitze ich noch isolirte Scheerenglieder, welche dem Ansehen und der übereinstimmenden Farbe der Schale nach zu Podocrates gehören könnten. (Taf. 5. Fig. 8—10.) Da aber die Palinurien, zu denen man bisher den Podocrates zählt, keine Scheeren besitzen, so bleibt die Zugehörigkeit dieser schmalen Scheerenstücke zweifelhaft.**)

---

*) Zeitschrift der deutschen geol. Gesellschaft 1862 Taf. XII. Fig. 3.
**) Vielleicht wäre es der letzte Fuss eines Weibchens, der zuweilen eine Scheere haben soll.

Bevor ich die eben beschriebenen Stücke besass, liess ich eine Copie des von Geinitz abgebildeten Exemplares von Kieslingswalda anfertigen, um die einheimischen Sammler auf diese Gattung aufmerksam zu machen und gebe die Skizze hier auf Textfigur Nro. 44.

Es wurde das Stück, welches aus den Chbaneker Schichten (mit Card. Ottonis) stammt, von Tribodet als eine eigene Art Pod. Schlüteri angeführt, aber später als von P. Dulmensis nicht verschieden erklärt.

Gattung **Palinurus**, *Fabr.*

Cephalothorax gross, stachelig, mit kurzem breiten, etwas ausgeschnittenem Rostrum und tiefer Nackenfurche. Innere Antennen kurz; Geisseln der äusseren Antennen länger als der Körper, ihr Schaft aus 3 dicken kurzen stachligen Gliedern bestehend. Beine lang, besonders die 3 mittleren Paare. Endkrallen mit Borsten besetzt. (Zittel.)

Palinurus Woodwardi, *Fr.*
Taf. 2. Fig. 1—3. Taf. 5. Fig. 7.

Das Hauptexemplar, welches als Grundlage der folgenden Beschreibung diente, lag in jämmerlich zerdrücktem Zustande lange Jahre unberücksichtigt in unserer Sammlung und rührt aus dem tieferen Pläner vom Weissen Berge bei Prag her. Um mir das Verständniss dieses Exemplars zu ermöglichen, benützte ich das Negativ zur Anfertigung eines Gypsabgusses und nachdem derselbe vorsichtig colorirt war, trat erst die Form des Abdruckes deutlich hervor. Es ist ein fast ganzes Exemplar eines Palinurus, das mit dem Rücken nach unten liegt und am Cephalothorax dessen Innenseite, am Postabdomen die Aussenseite der schmalen Spangen bietet; Fühler und Extremitäten bieten die Unterseite.

Später erhielt ich aus dem Steinbruche „Ladronka" am Weissen Berge einen guten Cephalothorax, der die Oberseite bietet und endlich wurde mir von Prof. Laube aus der Sammlung des geologischen Instituts der deutschen Universität zu Prag das Negativ eines guten Postabdomen zur Untersuchung anvertraut, so dass wir ein ziemlich vollständiges Bild dieser alten Palinurusart vor uns haben.

Im allgemeinen ist diese Art ganz übereinstimmend mit der recenten Form gebaut und nur in ganz unbedeutendem Detail der Verzierung von der europäischen Art verschieden, so dass man sich keine grosse Gewalt anthun müsste, um den Plänerpalinurus als directen Vorfahren derselben Art zu betrachten, welche jetzt im Mittelmeere lebt.

Der Cephalothorax sammt Postabdomen wird etwa 10 cm betragen haben und da die Reste von 3 Individuen in der Grösse übereinstimmen, so mag dies die normale Länge gewesen sein.

Von den vorderen Fühlern sind nur die schlanken Basalstücke in einer Länge von 20 mm erhalten.

Die hinteren grossen Fühler zeigen viel schwächere, bedornte Basalstücke als der recente Palinurus und ein Fragment des starken dicht quergeringelten Fühlers kreuzt sich mit dem linken Fusse des ersten Paares.

Der Cephalothorax (Taf. 2. Fig. 4.) zeigt die Augendornen sowie die Furchen genau wie der lebende, aber die Verzierung seiner Oberfläche ist abweichend. Am Vordertheil zieht sich in der Mitte eine Längsreihe zarter Spitzen, zu der sich zu beiden Seiten grössere Dornen zu einer hübschen länglichen Blattform gruppiren. Nach aussen an diesem Mittelblatte legt sich noch eine kürzere und eine längere Höckerreihe in ähnlicher Biegung an. Ueber die Wangen verlaufen noch 2 oder 3 Längsreihen solcher Höcker.

Am hinteren Theile des Cephalothorax sind alle Höcker niedrig, breitgedrückt, ziemlich unregelmässig und nirgends kann man Reihen grösserer wahrnehmen. In diesem Verhalten liegt die auffallendste Verschiedenheit von der lebenden Languste.

Die Segmente des Postabdomens (Taf. 5. Fig. 7.) sind viel glatter und zeigen nicht die tiefe Querfurche, ihre Epimeren sind nicht so tief sculptirt, sondern zeigen nur eine dem Aussenrande parallele Furche und enden mit einer kurzen Spitze hinten am Aussenrande.

Das Telson ist in der Mitte gekielt und trägt jederseits vier fast gerade, nach hinten etwas zusammenlaufende Höckerreihen, die ganz ähnlich beim recenten Palinurus zu finden sind. Von den Seitenlappen der Schwanzflosse sind nur die rudimentären Basaltheile je zwei auf jeder Seite erhalten.

Aus dem Negativ des grossen Fig. 1. dargestellten Exemplars gewann ich einen schwer zu verstehenden Abdruck (Taf. 2. Fig. 3.), der Oberseite, den ich abbilden liess, bevor ich das wohlerhaltene Postabdomen gesehen habe.

Auf der Unterseite des Abdomen findet man (Taf. 2. Fig. 2) die dünnen Querspangen aber ohne besondere Bedornung und an einer Stelle konnte ich den verkalkten Theil eines Abdominalanhanges wahrnehmen, der kurz löffelförmig ist und darauf hindeutet, dass das vorliegende Individuum ein Männchen war. Aehnliche Anhänge gewahrt man auch zur linken Seite des 3ten, 4ten und 5ten Segmentes an Fig. 7. Taf. 8.

Von den Extremitäten sind alle Paare angedeutet aber zerbrochen und disloeirt; dennoch erkennt man auch hier eine Uebereinstimmung mit den bei Palinurus normalen Grössen und Formverhältnissen.

Ich widmete diese Art meinem verehrten Freunde Herrn Henry Woodward, der sich neben Salter die grössten Verdienste um die Kenntniss der fossilen Crustaceen Englands erwarb.

Palinurus Woodwardi dürfte der älteste der Kreidepalinuren sein, da er aus dem untersten Turon stammt und die übrigen bekannt gewordenen Reste dieser Gattung aus viel jüngeren Kreideschichten herrühren.

Familie Glyphaeidae, *Winkler*.

Études sur les genres Pemphix, Glyphaea & Araeosternus. Archiv du Musée Tyler 1883. 2. ser. 1. p. 73.

Körper cylindrisch mit fester verkalkter Schale. Cephalothorax rauh, stark sculptirt, mit tiefer Nackenfurche. Rostrum schmal, zugespitzt. Aeussere Antennen mit langem Schaft, stark entwickeltem Geissel und meist mit langer schmaler Schuppe. Innere Antennen kurz. Sternum schmal. Das vordere durch beträchtliche Stärke ausgezeichnete Beinpaar des Thorax und in der Regel auch alle übrigen Fusspaare endigen mit Krallen oder Nägeln. (Zittel.)

Gattung Glyphaea, *H. v. Meyer*.

Cephalothorax gekörnelt, mit medianer Rückennath und kurzem spitzen Rostrum. Vor der tiefen Nackenfurche verlaufen mehrere parallele, mit Dornen oder Warzen verzierte Längskanten nach der Stirn. Hinter der Nackenfurche sind fast immer noch 2 andere gebogene Querfurchen vorhanden, durch welche ein mittleres und ein hinteres Feld abgegrenzt werden. Die seitlichen Fortsätze dieser Furchen vereinigen sich und sind öfters durch Nebenfurchen verbunden. Abdomen lang, zuweilen glatt. Innere Antennen kurz gestielt, ihre Geisseln nicht ganz die Länge des Cephalothorax erreichend. Aeussere Antennen lang, mit schmaler Schuppe. Sämmtliche 5 Fusspaare endigen mit Nägeln oder Krallen, das vorderste stärker als die übrigen und meist auch abweichend verziert.

Diese Kennzeichen finden wir sämmtlich an den bei uns gefundenen Exemplaren, wesshalb kein Zweifel bestehen kann, dass sie zur Gattung Glyphaea gehören.

Glyphaea bohemica, *Fr.*
Tafel 8. Fig. 1—8. Textfigur Nro. 45.

Artkennzeichen. Das erste Fusspaar mit langer Kralle endigend, die sich gegen den stark bedornten Propoliten umschlagen liess; das 2te Fusspaar mit einer kürzeren Kralle endigend, der Propodit ohne Dornen. Epimeren der Schwanzsegmente mit zwei Querreihen kleiner Höcker geziert.

Von dieser interessanten Art liegen mir im ganzen 8 fragmentäre Exemplare vor, von denen zwei dem geologischen Institut der deutschen Universität in Prag angehören, die übrigen der Museumsammlung. Alle stammen aus dem Wehlowitzer Pläner der Weissenberger Schichten bei Prag.

Die Exemplare sind ganz ohne Schale und stellen nur den Abdruck der Innenfläche der Schale vor. Ein Bild der eigentlichen Oberfläche der Schale erhielt ich nur durch Abgüsse in einige gereinigte Negative. Nach dem Umstande zu urtheilen, dass der Cephalothorax meist der Länge nach gespalten vorkömmt, liegt die Vermuthung nahe, dass die vorliegenden Reste von Exuvien stammen, welche die Wellen an die Strandregion gespült haben.

Ich habe dieselben auf Taf. 8. in natürlicher Grösse dargestellt, nur Fig. 5. in zweifacher Vergrösserung.

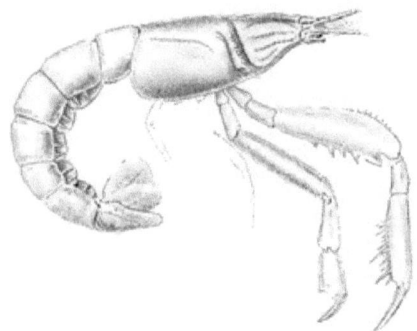

Figur 45. Glyphaea bohemica. Fr.
In natürlicher Grösse restaurirt nach den Taf. 8. abgebildeten Exemplaren.

Das Detail zeichnete ich in einer Reihe von Studienskizzen bei stärkerer Vergrösserung, da es aber die Verhältnisse nicht erlauben, alles das auf einer Reihe von Tafeln zu veröffentlichen, so concentrirte ich die dabei erreichten Resultate auf eine schematisch restaurirte Figur, an der ich das, was unsicher ist, mit Punktreihen bezeichnete. (Fig. 45.)

Ich will der Beschreibung einige Notizen über die abgebildeten Exemplare vorausschicken.

Fig. 1. Dieses vollständigste Stück zeigt den Cephalothorax als Negativabdruck, dann Reste des ersten Fusspaares und das ganze Postabdomen. Von dem Cephalothorax machte ich einen Gypsabguss, der vergrössert gezeichnet wurde.

Fig. 2. Eine Exuvie des Cephalothorax, bei welcher die linke Hälfte weiter nach vorne liegt. Reste des ersten Fusspaares liegen vor dem Cephalothorax.

Fig. 3. Propodit und Dactylopodit des ersten Fusspaares mit wohlerhaltener Bedornung des letzteren. Dahinter wahrscheinlich der letzte Kaufuss, ober welchem der äussere Fühler liegt.

Fig. 4. Ein Postabdomen eines kleineren Exemplars mit lädirter Schwanzflosse aber gut erhaltenen Epimeren.

Fig. 5. Ein wohlerhaltenes Postabdomen, an welchem die queren Höckerreihen der Epimeren gut zu sehen sind.

Fig. 6. Fragment des Cephalothorax, vor dem die Basaltheile der äusseren Fühler erhalten sind, dann das erste und zweite Fusspaar der linken Seite von einem halberwachsenen Exemplar. Das sehr gut erhaltene Stück wurde 6mal vergrössert gezeichnet und half viel zur Vervollständigung der restaurirten Figur.

Fig. 7. Cephalothorax vollständig, dann Fragmente der Füsse und des Postabdomen. Wurde nach dem Abguss ins Negativ gezeichnet.

Fig. 8. Cephalothorax der Länge nach gespalten, vor demselben Fühler- und Extremitäten-Reste.

Beschreibung der Art.

Das grösste Exemplar wird vom Rostrum zur Schwanzspitze 125 mm und ganz mit ausgestreckten Füssen 150 mm gemessen haben.

Der Cephalothorax zeigt eine Länge von 40 mm, ist im vorderen Drittel schmäler, von da ab breiter und bauchiger. Vorne läuft er in eine kurze Spitze aus. Eine Längsfurche dem Rücken entlang dürfte als eine Vorbereitung zur Exuvicabildung aufzufassen sein.

Das vordere Drittel ist durch eine tiefe Nackenfurche von den übrigen zwei Dritteln getrennt. Auf diesem vordersten Abschnitt verlaufen nach vorne vier geschwungene granulirte Falten.

Familie Glypheciolae.

Diese Falten verlaufen nicht ganz parallel zum Oberrande, sondern biegen vorne und hinten etwas nach oben um. Die dritte ist halb so lang als die zweite und schmiegt sich an dieselbe an. Auch der Rückenfirst entlang gewahrt man seitlich eine Reihe von kleinen Tuberkeln.

Die Nackenfurche beginnt oben am Rücken, ist breit, gerade, verläuft nach unten und etwas nach vorne und biegt vor dem unteren Rande sich verschmälernd nach vorne um.

Auf diese Nackenfurche folgt eine zweite, die etwas tiefer beginnt, der ersten fast parallel läuft und früher nach vorne umbiegt. Die Wulst, welche zwischen den zwei Furchen sich erhebt, ist am vorderen Rande mit etwa 9 deutlichen Tuberkeln, der Hinterrand nur unten mit 5 solchen besetzt.

Der Branchial-Theil der hinteren Partie ist vom Rückentheil durch eine schiefe von innen und hinten nach vorne und aussen verlaufende Furche getrennt, die nach unten hin von einer Wulst begleitet wird. Oberhalb der Wulst ist ein mit kleinen Tuberkeln besetztes Plättchen wie eingesetzt. Der Hinterrand des Cephalothorax ist in der Mitte ausgeschnitten und trägt einen wulstigen Rand. Sonst ist die Oberfläche desselben glatt. (Vergl. Textfig. Nr. 46.)

Das Abdomen ist im Vergleich zu dem Cephalothorax sehr breit und voluminös und wird in gestrecktem Zustande 65 mm gemessen haben. Die Breite der Segmente (ohne Epimeren) beträgt am 2ten Segmente 25 mm, am 6ten 14 mm. Die Oberfläche der Segmente ist glatt und sind dieselben von den Epimeren durch eine vorspringende Längsfalte geschieden. (Fig. 5.) Die Epimeren sind abgerundet und tragen jede zwei Querreihen von kleinen Höckern. Dieselben mögen nur am ersten Segmente (das nur mangelhaft erhalten vorliegt) weniger gut entwickelt gewesen sein.

Das Telson ist nach hinten zu verengt, stumpf abgerundet, trägt an seiner Basis eine höckrige Erhabenheit, an den Seiten je eine erhabene nach hinten sich verschmälernde Wulst.

Die Seitenplatten der Schwanzflosse sind schmal und tragen der Mitte entlang je eine erhabene Leiste, welche sich an der inneren Flosse gabelt. An der äusseren Platte konnte nicht erkannt werden, ob dieselbe der Quere nach getheilt ist oder nicht.

Bezüglich der Antennen bin ich ziemlich unsicher, wie ich die vorliegenden Theile, die ich auf Textfigur Nr. 47. in 6facher Vergrösserung gezeichnet habe, deuten soll. Hält man sich an die bei Glyphaea übliche Deutung, so würden die grossen runden Stiele (j) den hinteren Antennen angehören.

Nach dieser Auffassung ist auch die restaurirte Figur zusammengestellt.

Die Vergleichung mit dem verwandten recenten Aracosternus dringt aber eine andere Deutung auf; darnach würde i den Basaltheil der vorderen Antennen und g dagegen den Basaltheil der hinteren darstellen.

Die Entscheidung werden erst besser erhaltene Exemplare bringen.

Das erste Fusspaar (Fig. 1, 2, 3, 6.) zeigt auf beiden Seiten gleiche Grösse. Es endigt mit einer stark gebogenen 12 mm langen Klaue. Der Propodit ist 18 mm lang, 5 mm breit und an seinem unteren Rande mit etwa 14 Dornen von ungleicher Grösse bewaffnet. Der Carpopodit ist kurz und schmal ohne Dornen. Der Meropodit stellt das kräftigste Glied der Extremität dar, ist fast so lang als der Pro- und Carpopodit zusammen und in seiner vorderen Hälfte erweitert; der ausgebuchtete Oberrand trägt im vorderen Drittel etwa ein Dutzend kleiner Dornen, der gerade Unterrand 4 grosse Spitzen.

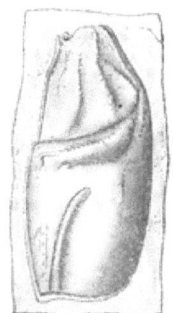

Fig. 46. **Glyphaea bohemica**, Fr. Cephalothorax 2mal vergrössert.

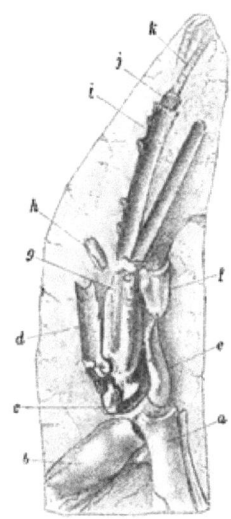

Figur 47. Antennen von **Glyphaea bohemica**. Fr. Nach dem Exemplar Nr. 58, in 6facher Vergr. gezeichnet. (Deutung unsicher.) a Fragmente der Spitze des Cephalothorax, b Mandibel, c Basaltheil der hinteren Antennen? g Schuppe derselben, i, j, k vordere Antennen? c, h? f Kaufuss.

Das zweite Fusspaar (Fig. 6.) ist wenig kürzer als das erste, endigt auch mit einer Kralle, aber der Propodit ist nur doppelt so lang als breit und am unteren Rande nicht bedornt. Auf der Aussenfläche trägt er mehrere kleine Höcker. Der Carpopodit ist so lang als der Propodit; der Meropodit doppelt so lang und auch unbedornt.

Die übrigen drei Fusspaare waren viel kürzer und dünner, liegen aber nur in sehr mangelhafter Weise erhalten vor.

Von der Gattung Glyphaea waren lange nur zahlreiche Jurassische Arten durch Oppel[*]) bekannt und unter diesen nähern sich unserer Art in der Bedornung des Propoditen am meisten Glyphaea Heeri. Opp. und Gl. alpina Opp., während sie in der Furchung des Cephalothorax und durch die zugespitzten Epimeren von unserer Art abweichen. Auch weisen die Jurassischen Arten durchwegs parallele Höckerfürchen auf den Wangen auf. Noch mehr weicht unsere Art von der Gattung Pseudoglyphaea durch die Form der Epimeren ab.

Aus der unteren Kreideformation waren bisher nur ungenügend erhaltene Exemplare von Kopfbrustschildern bekannt, und zwar: Gl. cretacea Mc. Coy, Gl. Carteri Bell und Gl. Neocomiensis Rob. Desw. — Th. Bell gibt in Dixon Geology of Sussex auf Taf. XXXVIII.[**]) Fig. 8, die Abbildung eines stark granulirten der G. Landgreeni ähnlichen Cephalothorax aus turonen Schichten, ohne dieselbe zu benennen und zu beschreiben.

Sehr überraschend war die Entdeckung der Glyphaea Landgreeni durch Schlüter[***]), welche aus den sehr jungen Kreideschichten, dem Saltholmskalke in Schweden herrührt. Dieselbe ähnelt durch Granulirung der Schale am Cephalothorax sowie an den Füssen viel mehr den Jura-Arten als unserer böhmischen Art, auch sind die Höckerreihen auf den Wangen einander ausgesprochen parallel.

Die böhmische Art fällt die Kluft aus, welche in dem Vorkommen der Gattung Glyphaea zwischen der unteren und der obersten Kreide bestand, denn sie stammt aus entschieden turonen Schichten mit Inoceramus labiatus.

Familie Astacomorpha.

Körper cylindrisch, mit solidem verkalktem Hautpanzer. Cephalothorax stets mit Nackenfurche und schmalem ziemlich langem, spitzzulaufendem Rostrum. Innere Antennen in gleicher Höhe mit den äusseren entspringend, mit kurzem Schaft und kleinen Geisseln; äussere Antennen mit langem Schaft, stark entwickelter Geissel und Schuppe. Sternum schmal. Die drei vorderen Beinpaare des Thorax endigen in Scheeren, das erste derselben zeichnet sich stets durch bedeutende Grösse aus und trägt den beweglichen Finger der Scheere auf der Innenseite, im Gegensatz zu den zwei folgenden Fusspaaren. Kiemen gefiedert büschelförmig, zahlreich. (Zittel.)

Gattung Enoploclytia, Mc. Coy.

Körper gross, langgestreckt mit rauher stacheliger und gekörnter Schale. Cephalothorax gewölbt, nach vorn verschmälert, mit langem, seitlich gezacktem, zugespitztem Rostrum; neben dem Augenausschnitt aussen ein Stachel. Nackenfurche tief; dahinter eine oder zwei fast parallele Querfurchen, deren Seiten sich stark nach vorn richten und mit der Nackenfurche vereinigen. Abdomen etwas kürzer als der Cephalothorax. Erstes Fusspaar sehr kräftig, etwas zusammengedrückt mit grossen stark verlängerten Scheeren, deren Finger auf der Innenseite mit Zacken besetzt sind. Die zwei folgenden Scheerenfüsse sind dünn und schlank. Telson subtrigonal, gross, ungetheilt.

Diese bisher giltige Gattungsdiagnose wird durch die mir vorliegenden Exemplare noch vielfach ergänzt. Das Abdomen ist so lang als der Cephalothorax. Das 4te und 5te Fusspaar mit langem dünnen Propodit. Die äusseren Schwanzplatten mit abgegliedertem hinterstem Drittel. Die vorderen Antennen mit zwei langen dünnen Geisseln, die hinteren Antennen mit kleiner Schuppe und schwacher Geissel.

---

[*]) Oppel Palaeontol. Mittheilungen I. 1862 p. 56.
[**]) Die ausserdem aus der Kreide angeführten Glyphaea Leachii und Gl. ornata Roemer gehören nicht der Gattung Glyphaea an. Vergl. Oppel pag. 58.
[***]) Verhandlungen des naturhist. Vereines der preussischen Rheinlande und Westphalens 1874, pag. 48, Taf. 3, Fig. 3, 4, 5.

Enoploclytia Leachi, *Mant.*

Clytia Leachi, Reuss: Versteinerungen der böhm. Kreideformation I. p. 14, Taf. 6, Fig. 1—6, Taf. 12, Fig. 3. — Reuss: Denkschriften der k. Akad. d. Wissenschaften in Wien. Band VI. 1853 p. 4, Taf. I—V. — Geinitz: Elbthalgebirge II. p. 205, Taf. 37, Fig. 31, 32.

Tafel 9. Fig. 9. Textfigur Nro. 46—52.

Von dieser schönen Art wurde seit dem Erscheinen der vor 30 Jahren von Reuss verfassten Monographie eine grosse Anzahl von Exemplaren gefunden und die Zahl der Fundorte vermehrt.

Die Prachtexemplare, welche gegenwärtig die Sammlungen des Museums zu Prag zieren, könnten einer stattlichen Monographie zur Basis dienen und eine grosse Reihe von Tafeln decken. Aus nahe liegenden Gründen muss ich die bildliche Darstellung auf das nothwendigste beschränken und will dafür eine, wo möglich vollständig restaurirte Figur geben, welche die mehr schematisch gehaltene Darstellung von Reuss ersetzen soll.

Zur Basis der restaurirten Figur dienten 17 ausgesuchte Exemplare, sämmtlich aus dem turonen Wehlowitzer Pläner vom Weissen Berge bei Prag und von Wehlowitz, und ich will dieselben hier mit Bemerkungen aufzählen.

Nro. 61. Ein ganzes 17 cm langes Exemplar aus der Zeidlerischen Sammlung, diente mit dem nachfolgenden zur Präcisirung der Längenverhältnisse und zur Darstellung der Schwanzflosse.
- 62. Ein eben so grosses ganzes Exemplar aus Wehlowitz mit gutem Cephalothorax.
- 63. Gypsabguss eines 9 cm langen Cephalothorax, die eigentliche Schalenoberfläche zeigend.
- 64. Cephalothorax und Füsse des 2.—5. Paares. Original zu Reuss Taf. I. Fig. 2.
- 65. Steinkern eines gut erhaltenen 7 cm langen Cephalothorax.
- 66. Gypsabguss des dritten bis sechsten Schwanzsegmentes und der Schwanzflosse.
- 67. Gypsabguss eines fast ganzen aber dislocirten Exemplars. Lieferte das erste und zweite Schwanzsegment und zeigt sehr deutlich die Granulirung des Cephalothorax.
- 68. Gypsabguss eines fast ganzen Exemplars mit gut erhaltenen 4 ersten Schwanzsegmenten. Der Cephalothorax der Länge nach aufgesprungen. (Exuvie.)
- 69. Gypsabguss der Scheere eines riesigen Exemplars mit gut entwickelter Bezahnung der Finger. (Im ausgestreckten erhaltenen Zustande wird diese Extremität an 20 cm Länge gehabt haben.)
- 70. Scheere, neben welcher die beiden vorderen und die rechte hintere Antenne liegt. (Textfigur Nro. 50.)
- 71. Die Mundgegend, die Mandibeln sowie die Basaltheile der Antennen zeigend. (Taf. 9. Fig. 9.)
- 72. Ein fast ganzes verdrücktes Exemplar in Seitenlage mit dem zweiten Fusspaar.
- 73. Beide Scheeren des ersten Paares und eine des zweiten. Der in der Mitte getheilte Cephalothorax bietet von der linken Hälfte die Aussenseite, von der rechten seitlich verschobenen die innere Fläche (Exuvie). Die linke grosse Scheere zeigt gut den Ischiopodit und Basipodit.
- 74. Steinkern der Schwanzflosse und der drei letzten Schwanzsegmente.
- 75. Ein ganzes 22 cm langes Exemplar, an dem das vierte Fusspaar wohl erhalten ist. (Textfigur Nro. 52.)
- 76. Cephalothorax und Schwanz. Original zu Reuss Taf. II. Fig. 4.
- 77. Ganzes Exemplar mit untergeschlagenem Schwanze, von der Seite und von unten her entblösst. Zeigt den Meropodit sowie die Ischio-, Basi- und Coxopodit. (Textfigur Nro. 51.)

Die hier aufgezählten Exemplare zerfallen in zwei Categorien. Erstens sind es Steinkerne, welche den Abdruck der Innenfläche der Schale zeigen und alle Höcker und Tuberkeln ausgeprägter erscheinen lassen. Die Schale selbst ist überall vollkommen verschwunden; die Steinkerne durch Brauneisenstein rostbraun gefärbt und durch denselben auch fester gemacht, als das umgebende Gestein es ist.

Die zweite Categorie lag in guten Negativen vor, die ich sorgfältig reinigte, mit Schellacklösung überzog und nach vorsichtiger Einfettung zu einem Abguss mit Pariser Gyps verwendete. Dies ergab prachtvolle Objekte, welche das Bild der ehemaligen Schalenoberfläche bieten. Diese Objekte haben ein sehr abweichendes Aussehen von den Steinkernen und wenn z. B. der Steinkern eines Schwanzsegments zahlreiche spitze Höcker zeigt, sieht man am Abgusse, dass die Oberfläche der Schale fast glatt und mit Poren verziert war.

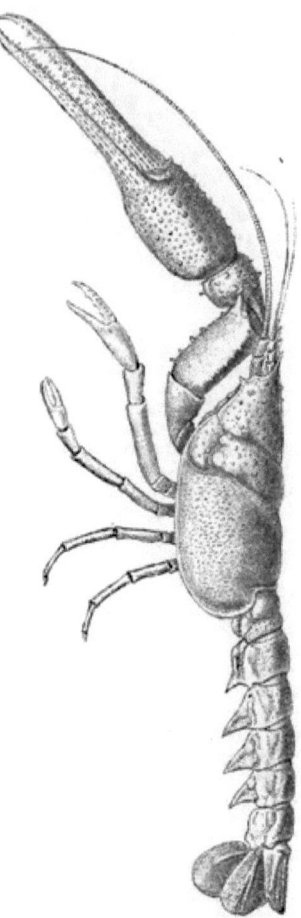

Figur 48. Enoploclytia Leachii. *Mant.*
Restaurirt nach den besten im Museum zu Prag befindlichen Exemplaren.

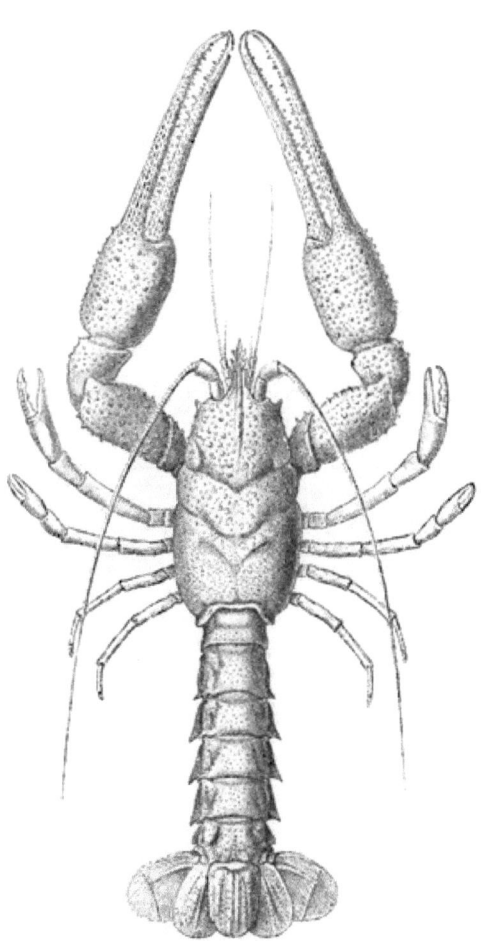

Figur 49. Enoploclytia Leachii, *Mant.*
Restaurirt nach den besten im Museum zu Prag befindlichen Exemplaren.

Der Grösse nach zerfallen die vorliegenden Exemplare etwa in drei Categorien, deren Dimensionen ich in nachstehender Tabelle, nur annäherungsweise richtig, übersichtlich zusammenstelle.

	Gesammtlänge	Cephalothorax	Abdomen	Scheere
A. Nro. 61...	17 cm.	5·5 cm.	5·6 cm.	5·5 cm.
B. Nro. 75...	22 „	8 „	8 „	8 „
C. Nro. 63, 69.	30 ?	8·8	8·8	8

Daraus ersieht man, dass der Cephalothorax in Länge dem Abdomen und fast auch der Scheere gleichkommt.

Der Cephalothorax läuft vorne in ein spitzes, jederseits mit 3 Zacken versehenes Rostrum aus; seiner Mitte entlang verläuft eine vorspringende Leiste, die sich dann als lang-elliptisches mit 4 Höckern besetztes Blättchen zwischen die Hälften des Cephalothorax einschiebt. Das Rostrum sammt dem Blättchen nimmt ²⁄₅ der Thoraxlänge ein und erreicht nicht die Nackenfurche. Nach aussen vom Augeneinschnitt ist ein vorspringender Stachel.

Der Raum zwischen dem Vorderrande und der Nackenfurche trägt die grössten Höcker, von denen nach vorne hin zwei Längsreihen à 3 Höcker besonders deutlich hervortreten. Der nachfolgende Abschnitt von der Nackenfurche bis zur ersten Rückenfurche ist unregelmässig und etwas feiner gekörnt als der vordere.

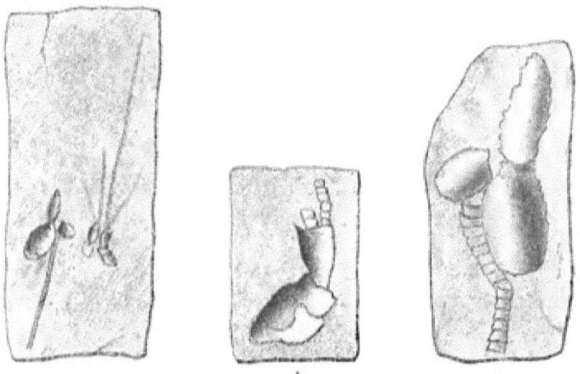

Figur 50. **Enoploclytia Leachi,** Mant.
a Vordere Antennen und linke hintere Antennen, (Nat. Grösse, Nro. d. Orig. 70.) *b* Basaltheil der vorderen Antennen, 3mal vergrössert. *c* Basaltheil, Schuppe und Griffel der hinteren Antennen, 3mal vergrössert.

Der Raum zwischen der ersten und zweiten Rückenfurche und der ganze Branchialtheil des Cephalothorax ist ganz fein gekörnt. Die Ränder des Cephalothorax sind leistenartig verdickt.

Zwischen der seitlich herabsteigenden Nackenfurche und der ersten Rückenfurche erheben sich gegen unten hin zwei rundliche Erhabenheiten, die man an der in seitlicher Lage gegebenen Restauration (Textfig. Nro. 49.), die nach dem Exemplar Nro. 73. entworfen ist, deutlicher ihrer Form nach studieren kann, als durch ausführliche Beschreibung.

Indem ich im allgemeinen auf die ausführliche Beschreibung verweise, die Reuss gegeben hat, will ich mich in nachstehendem nur auf die ergänzenden Bemerkungen beschränken.

Das Abdomen zeigt an den 5 ersten Segmenten die hintere Ecke der Epimeren in eine gerade Spitze ausgezogen; am sechsten Segment ist diese Spitze von der vorderen Hälfte der Epimere gebildet.

Die Oberfläche aller Segmente ist glatt, mit deutlichen Poren (Steinkerne sind mit kleinen Höckern besetzt). Am Mitteltheile ist jederseits eine tiefe Furche, welche nach vorne und aussen ein dreieckiges Stück abschneidet, das durch eine Längswulst von den Epimeren getrennt wird. (Nro. 66, und 67.)

Das 1te Segment ist das kürzeste und mehr als die Hälfte des Mitteltheiles, der zum Unterschieben unter den Cephalothorax bestimmt ist, ist vollkommen glatt; die Epimeren schwach entwickelt.

Das 2te Segment ist das längste und seine Epimeren stark nach aussen und vorne verbreitet, nach hinten in eine kleine Spitze ausgezogen.

Das 3—5te Segment haben die Epimeren spitz dreieckig.

Das 6te Segment ist zur Aufnahme der Schwanzplatten abnorm gestaltet, die Spitze der Epimeren wird von deren vorderer Hälfte gebildet, während die hintere Hälfte den Gelenkeinschnitt für die mittlere Seitenplatte trägt.

Die Schwanzflosse, die Reuss unbekannt war, wurde von Geinitz (im Elbthalgebirge) nach einem unvollständigen Steinkerne abgebildet. Liegt uns aber in sehr vollständiger Erhaltung vor.

Das Telson (Nro. 66, und 74.) verschmälert sich nach hinten zu und ist am Ende abgerundet, am Rande bewimpert; an der Basis erhebt sich ein quer verlängertes Dreieck, von dessen nach hinten gekehrter Spitze zwei einander parallele Längswülste herablaufen. An die Seiten des Dreieckes lehnt sich jederseits eine bauchig aufgetriebene nach hinten zu sich verschmälernde Wulst. An Steinkernen erscheinen diese Längswülste höckrig.

Die innere Seitenplatte trägt in der Mitte eine gabelig gespaltene Leiste, von der radiale Strahlen zu den Rändern verlaufen.

Die äussere Seitenplatte trägt eine sichelförmig gebogene Leiste, welche bis zu dem als selbstständiger Lappen abgetheilten hinteren Drittel der Platte reicht.

Die vorderen Antennen haben drei Basalglieder und zwei Geissel, welche etwa $^2/_3$ der Länge der Scheere haben. (Textfigur Nro. 50, Original Nr. 70.)

Die hinteren Antennen (Textfigur Nro. 50,) zeigen an demselben Exemplare ein seitlich bedorntes grosses und ein kleineres Basalstück, neben dem eine Schuppe liegt, die etwas kürzer ist als das grosse Basalstück. Der Aussenrand der länglich spitzigen Schuppe ist gerade, der innere etwas ausgebuchtet, beide zeigen Spuren von Dornen.

Die Geissel ist wenig stärker als die der inneren Antennen und ihre Länge lässt sich nicht genau angeben.

Von den Mundtheilen hat sich das erste Paar an zwei Exemplaren erhalten und weicht dasselbe kaum von dem des Hummers ab. (Taf. 9, Fig. 9.) An dem anderen Exemplar sind auch die Taster abgedrückt. Von Kaufüssen hat bereits Reuss das letzte Paar abgebildet.

Das erste Fusspaar hat die Finger doppelt so lang als die Scheere; dieselben sind schlank und in geschlossenem Zustande zuerst einander parallel, im vordersten Viertel aber biegen sie etwas nach aussen, um sich dann an den Spitzen hakenförmig gegen einander zu kehren. Die Zähne an den Fingern sind gerade, spitz und von abwechselnder Stärke; etwa 15 stärkere und annähernd so viel schwächere an jedem Finger. Die Oberfläche der Finger ist glatt und trägt Reihen kurzer Längsfurchen. Der innere Finger ist der bewegliche Dactylopodit.

Der Scheerentheil des Propodits ist bauchig mit dichten kleinen Höckern besetzt, unter denen grössere auf der Aussenseite in 3 Reihen stehen.

Der Carpopodit ist kurz, herzförmig, auf dem Innen- sowie am Aussenrande auffallender bedornt.

Der Meropodit ist doppelt so lang als breit, flach, von etwas elliptischem Querschnitt, auf beiden Rändern mit langen Dornen bewaffnet, sonst fast glatt (am Steinkerne).

Die Grössen- und Formenverhältnisse der Ischios-, Basi- und Coxopodits sind an dem mit der Unterseite nach oben gewendeten Exemplar (Nro. 77.) schön wahrzunehmen. (Siehe Textfig. Nro. 51.)

Das zweite Fusspaar endigt mit einer hübschen kleinen Scheere, deren verzierter beweglicher Finger nach aussen gekehrt ist.

Das dritte Fusspaar trägt eine viel kleinere Scheere.

Das vierte und fünfte Fusspaar endigt mit einem kleinen herzförmigen Dactylopodit. Der Propodit ist lang und schmal, die übrigen Glieder auffallend stärker. Siehe Textfigur Nro. 52.)

Familie Astacomorphae.

Die vorangehende Beschreibung ist nach Exemplaren aus den Weissenberger Schichten entworfen. Die Exemplare, welche aus den übrigen Schichten der böhm. Kreideformation herrühren, bieten keine besonderen Eigenthümlichkeiten und liegen auch in viel mangelhafteren Exemplaren vor, so dass ich auf eine eingehendere Beschreibung derselben nicht eingehe.

Die Aufzählung der nachfolgenden Fundorte zeigt, dass die Enoploclytia viel länger in Böhmen lebte, als man früher annahm.

Ausser dem Weissen Berge bei Prag und den Wehlowitzer Steinbrüchen besitzen wir diese Art aus dem Wehlowitzer Pläner der Weissenberger Schichten von Lissa, Hrádek, Schlan, Suchdie, Slavětín, Vinař, Černosek etc., und werden die Reste derselben wohl überall zu erwarten sein, wo der Bauplaner in grösseren Dimensionen ausgebeutet werden wird.

Aus den Malnicer Schichten besitzen wir Reste sowohl aus den Launer Knollen (Kostka's Steinbruch) als auch aus den Malnitzer Avellanenschichten aus der Gegend von Laun.

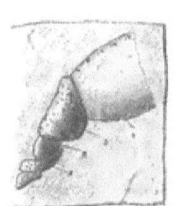

Figur 51. Basis der linken Extremität des 1. Paares.
1. Coxopodit, 2. Basipodit, 3. Ischiopodit, 4. Meropodit. Ansicht von unten. (Nat. Grösse, Nro. d. Orig. 77.)

Aus den Iserschichten erhielt ich blos ein einziges Fragment eines grossen Cephalothorax, welches der leider so früh verstorbene Herr Josef Pražák in den höheren Lagen (V) der Trigoniaschichten bei Krnsko auffand.

Aus den Teplitzer Schichten wird die Art schon von Reuss aus Hundorf und Kutschlin angeführt und das Museum erhielt jüngstens gute Scheeren aus denselben Schichten von Kystra durch Herrn Dr. Čurla.

In den tieferen Lagen der Priesener Schichten fand ich ein fast ganzes Exemplar beim Eisenbahneinschnitt „Sutiny" unweit Chotzen. In den höchsten Lagen dieser Schichten fand ich in Priesen bei Laun eine Sphaerosideritkugel, in der ein eingerolltes ganzes Exemplar enthalten ist. Es gelang nur die Scheere, ein Schwanzsegment und zwei Seitenplatten der Schwanzflosse zu entblössen, an denen aber vollständige Uebereinstimmung mit den typischen Exemplaren aus älteren Schichten wahrzunehmen ist.

Aus den Chlomeker Schichten ist diese Art weder aus Böhmen noch von Kieslingswalda bekannt.

Die ausländischen Vorkommnisse dieser Art findet man in der grossen Monographie von Reuss aufgezählt und gewürdigt.

Figur 52. Rechter Fuss des 4ten Paares von En. Leachi.
Nat. Grösse, Nro. d. Orig. 75.

(Astacus) cenomanensis.
Taf. 9. Fig. 10—13.

Unter diesem provisorischen Namen führe ich hier die sehr spärlichen Reste von Scheeren eines macrouren Decapoden an, welche vielleicht einem Vorfahren unserer Enoploclytia angehören könnten, aber nur dazu hinreichen, anzudeuten, dass ein ähnlicher Krebs mit rundlicher Scheere und geraden gezähnten Fingern bereits in den cenomanen Korytzaner Schichten in Böhmen vorkommt.

Der eine Rest Fig. 13. ist ein Steinkern eines glatten, ovalen regelmässig gewölbten Scheerengliedes, an welchem noch ein Rest des unbeweglichen Fingers erhalten ist. Länge 11 mm. Dann liegt ein 6 mm langer Finger mit 3 dreieckigen verhältnissmässig kräftigen Zähnen vor, an dessen oberer und unterer Fläche je eine Porenreihe wahrzunehmen ist, und ein 7 mm langer Steinkern eines ähnlichen Fingers vor. (Fig. 10., 11. und 12.)

Alle diese Reste sind aus dem Rudistenkalke von Korytzan.

Einen Finger, welcher der Fig. 10. und 11. sehr ähnlich ist, bildet Geinitz im Elbthalgebirge ab unter dem Namen Hoploparia sp. (Taf. 64. Fig. 10.) aus den Cenomanschichten des Plauischen Grundes.

Gattung **Schlüteria**, Fr.

In Gestalt einer Enoploclytia ähnlich; das erste Fusspaar mit grossen, breiten, grob bezahnten Scheeren; das zweite mit breiten, flachen, scharfrandigen Scheeren; das dritte und vierte sehr lang und dünn ohne Scheere; das fünfte Fusspaar sehr kurz. Epimeren in zwei Spitzen auslaufend.

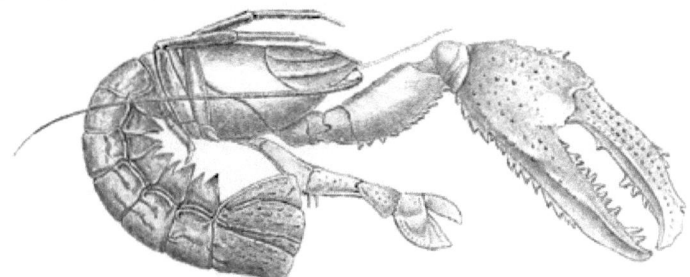

Figur 53. Schlüteria tetracheles. Fr.
Nach 7 Exemplaren von Wehlowitz und vom Weissen Berg bei Prag restaurirt. ⅓ nat. Grösse.

Diese neue Gattung, welche ich nach dem um die Kenntniss der Kreidecrustaceen hochverdienten Prof. Schlüter benannte, ist durch den abnormen Bau der Scheere des zweiten Fusspaares, den Mangel der Scheere am dritten Paare und durch die Verkümmerung des fünften Paares von den normalen Astaciden verschieden.

Schlüteria tetracheles, Fr.
Taf. 6. Fig. 1—7., Taf. 7. Fig. 1—3., Textfigur Nro. 53—55.

Unter den zahlreichen am Weissen Berg isolirt gefundenen Krebsscheeren, die meist der E. Leachi angehörten, war mir seit längerer Zeit eine kurze, breite Form auffallend, von der ich aber dachte, dass dies bloss eine Varietät von E. Leachi sei, bei der vielleicht die Scheeren ähnlich wie beim recenten Hummer individuell abweichend geformt wären.

Später sammelte ich in Wehlowitz mehrere, fast ganze Exemplare des Krebses, zu dem die breiten Scheeren gehörten, und erkannte bald, dass dies eine ganz neue Gattung ist, welche von der Enoploclytia sehr abweicht.

Der Cephalothorax (Taf. 6. Fig. 1.) ist durch die Nackenfurche in zwei ungleiche Hälften getheilt. Der Vordertheil ist kürzer und schmäler als der Hintertheil, seiner Mitte entlang trägt er vorne eine Längskante, die in einen scharfen Schnabel ausläuft, nach hinten hin sich verliert und in der Mitte mit einem Höcker endet. An den Wangen ziehen sich parallel zu einander drei Höckerreihen, die sich zu den Seiten des vorderen Längskieles umbiegen. Die mehr nach innen stehende Reihe steht auf einer scharfen Leiste, deren äusserer Abhang mit etwa 15 Querleisten gekerbt ist. Der Hintertheil des Cephalothorax ist mangelhaft erhalten, scheint ziemlich glatt gewesen zu sein und nicht sehr ausgeprägte Seitenfurchen besessen zu haben.

Die vorderen Antennen sind an keinem Exemplar wohl erhalten. Die hinteren Antennen waren mit einer langen schmalen Geissel versehen, welche die Länge des Cephalothorax sicher übertroffen hat. (Taf. 6. Fig. 3.) Ihr erhaltener Mitteltheil ist 1½ mm breit und die einzelnen Ringel, die durch eine Einkerbung von einander getrennt sind, haben 1 mm Länge.

Das erste Fusspaar trägt eine sehr kräftige breite Scheere, welche auf beiden Seiten ziemlich gleiche Dimensionen besass. In ihrem Habitus erinnert dieselbe an Enoploclytia brevimana M'Coy,*) von der man aber

---
*) Annals nat. history. 1849.

die übrigen Fusspaare nicht kennt. Die Finger übertreffen nur um ein Viertel ihrer Länge die Hand, sind breit, an den Spitzen mässig gegeneinander gebogen. Eine grosse Scheere von Wehlowitz, die von beiden Seiten betrachtet werden kann, bietet folgendes Detail der Verzierungen. Die Aussenränder der Finger und der Hand sind mit nach vorne gerichteten Spitzen besetzt, die doppelt so lang als breit sind. Die einander zugekehrten Ränder der Finger tragen etwa ein Dutzend starker kegelförmiger Zähne, die aber nicht immer alle erhalten sind. Die Aussenfläche der Scheere zeigt am beweglichen Finger drei unregelmässige Längsreihen kleiner Tuberkeln, der unbewegliche Finger eine ziemlich regelmässige, der Mitte entlang verlaufende Reihe derselben.

Die Hand selbst zeigt eine feine Granulation und unregelmässig zerstreute grössere Höcker, die blos an der Basis des bewegl. Fingers eine schief nach innen gerichtete Reihe bilden.

Die Innenfläche (Fig. 6.) hat am beweglichen Finger und auf der Hand weniger Tuberkeln, aber am unbeweglichen Finger verläuft ausser der regelmässigen Mittelreihe noch eine Reihe kleinerer Tuberkeln dem hinteren inneren Rand entlang.

Ganz ähnlich gestaltet ist eine kleinere gut erhaltene Scheere vom Weissen Berg bei Prag (Taf. 6. Fig. 2.), an der man aber sieht, dass die Zahl und Form der Höcker und Zähne individuell abweicht.

Ein Fragment des unbeweglichen Fingers von 70 mm Länge (Taf. 6. Fig. 3.) zeigt, dass diese Art bedeutende Dimensionen erreicht hat und im Alter weniger, aber grössere Zähne am Innenrande der Scheere getragen hat.

Das Carpopodit ist fast so lang als breit.

Das Meropodit ungewöhnlich stark entwickelt, zweimal so lang als breit, von den Seiten zusammengedrückt, am unteren Rand mit starken Dornen bewaffnet. Die dann folgenden drei Glieder sind doppelt so breit als lang und ziemlich von gleicher Grösse.

Das zweite Fusspaar trägt eine sehr flache, kurze aber sehr breite Scheere: der bewegliche Finger ist dreimal so lang, als er an der Basis breit ist, am Innenrande schneidig, nicht gezahnt. Der unbewegliche Finger verschmilzt mit der Hand zu einer halbkreisförmigen Scheibe (Taf. 7. Fig. 2.), deren Aussenrand mit einer Doppelreihe von feinen Höckerchen verziert ist. Parallel zum Aussenrande verläuft eine Reihe von 7 grossen Gruben, die wohl Tasthaaren zur Insertion gedient haben. (Taf. 9. Fig. 8.)

Der Innenrand ist ebenfalls scharf schneidig, wie beim beweglichen Finger. Die Basis der Scheere trägt einen tiefen Gelenkeinschnitt zur Aufnahme des Carpopodits, das etwas kürzer ist als die Scheere, nach hinten sich verengt und am unteren Rande eine Reihe von Poren trägt.

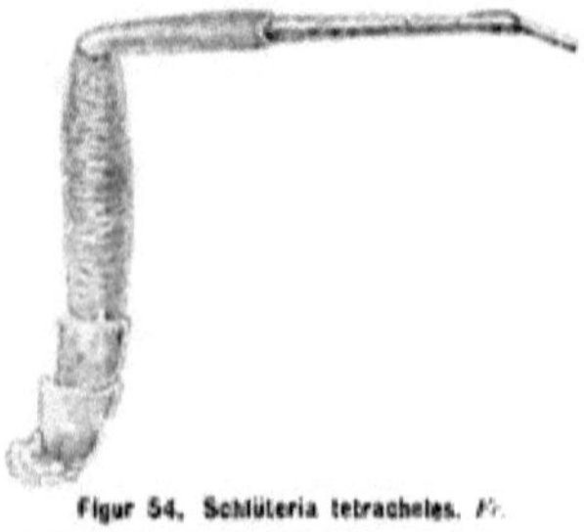

Figur 54. Schlüteria tetracheles. *Fr.*
Dritter Fuss der rechten Seite. Nat. Grösse.

Das Meropodit ist $3\frac{1}{2}$mal so lang als es in der Mitte breit ist: sein Oberrand ist gerade, der Unterrand ausgebuchtet und mit langen spitzen Dornen bewaffnet.

Die übrigen Glieder nicht genau bekannt. Ich vermuthe, dass diese Extremität mit ihrer flachen Scheere dazu gedient hat, die Schliess-Muskeln der am Strande halb klaffend liegenden Bivalven (Inoceramus, Lima etc.) zu zerschneiden.

Das dritte und vierte Fusspaar ist fast ganz gleich gebaut, auffallend lang und dünn (Taf. 7. Fig. 3.). Das Dactilopodit dünn, kurz, sein Ende nicht bekannt, aber wahrscheinlich einfach klauenförmig; das Propodit dünn, rund, mehr als 10mal so lang als breit: das Carpopodit ist etwas stärker und flacher, 7mal so lang als breit. Das Meropodit ist von den Seiten flach gedrückt, fast 5mal so lang als breit. Der Steinkern desselben querrunzelig. (Textfig. Nro. 54.)

Das fünfte Paar war verkümmert und scheint kaum ein Drittel der Länge des vorangehenden Paares (Taf. 7. Fig. 3.) gehabt zu haben.

Das Abdomen zeigt die normale Bildung der Macruren, ist breit, $1\frac{1}{2}$ so lang als der Cephalothorax: von kräftigem Baue und mit einer grossen Schwanzflosse versehen.

Die Oberfläche ist glatt und nur sparsam mit kleinen Tuberkeln besetzt. Die Epimeren der einzelnen Segmente sind in zwei Spitzen ausgezogen; die vordere ist hakenförmig und es setzt sich auf dieselbe der Vorderrand der Epimere fort. Die hintere Spitze nimmt mit ihrer Basis zwei Drittel der Epimere ein.

Ich war während der Herstellung der Tafeln und der restaurirten Figur wegen dem schlechten Erhaltungszustande der Exemplare in Unsicherheit über die Form der Epimeren und erst ein in neuester Zeit dem Museum durch Herrn Verwalter Wurm geschenktes Exemplar aus Wehlowitz ermöglichte die genaue Darstellung derselben, wie es Textfigur Nro. 55. aufweist.

Die Epimere ist vom Mitteltheile des Segments durch eine etwas nach aussen gebogene Wulst getrennt, die ⅔ der Länge des Segments einnimmt, dann folgen zwei kleine und ein grosser Höcker.

Am Vorderrande vor der Wulst steht ein Fortsatz zur Gelenkverbindung mit dem vorangehenden Segmente, dem ein Einschnitt am Hinterrande entspricht.

Der Mitteltheil des Segmentes zeigt an den Seiten zwei schwache, der grossen Wulst parallele Wülste.

Die Schwanzflosse ist verhältnissmässig sehr gross, länger als die letzten zwei Segmente und ihre Oberfläche ist mit schief nach hinten gestellten Röhrchen besetzt. Das Telson war viel glatter als bei Enoploclytia und die sehr breiten Seitenplatten trugen jede einen deutlichen Längskiel. Ob die äussere Platte den Endlappen abgegliedert hatte, konnte ich nirgend wahrnehmen.

Diese Art fand ich auch in den Priesener Schichten von Priesen, und zwar eine Scheere, welche in Grösse und Form derjenigen gleicht, welche ich auf Taf. 6. Fig. 2. aus den Weissenberger Schichten abgebildet habe.

Figur 55. **Schlüteria tetracheles**, *Fr.* Rechte Hälfte des loszten Segments. (Nat. Grösse. Nro. des Orig. 116.)

Gattung **Nymphaeops**, *Schlüter.*

Körper langgestreckt; Cephalothorax glatt, erheblich kürzer als das Abdomen, durch eine bis zur halben Höhe reichende seitlich gegabelte Nackenfurche halbirt. Jedes der beiden davorliegenden Seitentheile mit einer fast halbkreisförmigen Furche und einer gekrümmten Nebenfurche, welche einen Knoten besitzt. Epimeren des Abdomens kurz, breit abgestutzt. Seitliche Schwanzlappen gross, gerundet, glatt. Vorderfüsse kräftig, Scheeren stark verlängert, zusammengedrückt, Finger ganzrandig. (Zittel.)

Nymphaeops? lunatus, *Fr.*
Taf. 5. Fig. 6.

Wir besitzen aus dem turonen Pläner vom Weissen Berge bei Prag den Steinkern eines Cephalothorax und eines Abdomens, dessen hinteres Drittel unterschlagen ist. Trotz des mangelhaften Erhaltungszustandes nimmt man doch daran eine grosse Aehnlichkeit mit der Gattung Nymphaeops wahr. Namentlich die Form der Nackenfurche und der dahinter stehenden halbmondförmigen Magengegend, sowie die kurzen abgerundeten Epimeren erlauben eine Vergleichung. Ich stehe von einer ausführlichen Beschreibung des Stückes ab, indem ich nur durch die Abbildung auf das mögliche Vorkommen dieser Gattung in Böhmen die Aufmerksamkeit lenken will.

Gattung **Hoploparia**, *Mc. Coy.*

Körper etwas zusammengedrückt mit breiten Seiten. Cephalothorax gekörnt. Rostrum sehr schmal, lang, ganzrandig. Nackenfurche tief, nach den Seiten plötzlich aufhörend, den Rand nicht erreichend; vor derselben auf den Seitenflächen eine Λ-förmige Furche. Neben den Augeneinschnitten auf der Aussenseite ein halbcylindrischer langer Fortsatz, welcher die Basis der Antennenschuppe bedeckt. Die zwei sehr starken vorderen Scheerenfüsse ungleich; die Finger der grösseren Scheere am Innenrande grob gezackt, die der kleineren, schlankeren Scheere fein gezähnelt. Epimeren der hinteren Abdominalsegmente zugespitzt.

Hoploparia biserialis, *Fr.*
Taf. 3. Fig. 5, Taf. 5. Fig. 1–3. Textfigur Nro. 56.

Kennzeichen der Art. Die Scheere trägt am Innenrande des Basalstückes zwei Reihen spitzer Höcker; der Cephalothorax ist ohne Höckerchen.

Auf das Vorkommen der Gattung Hoploparia wurde ich durch die Auffindung einer riesigen Scheere, die unser Museum vom Herrn Josef Šimáček erhielt, aufmerksam gemacht.

Dieselbe misst sammt den abgebrochenen Spitzen 145 cm. Die Finger sind fast doppelt so lang als die Hand, flach, jeder 13 mm breit. Die Hand trägt am Innenrande zwei Reihen spitzer, nach vorne gerichteter Höcker, von denen in jeder Reihe 6 stehen. Stellenweise ist ein Höcker durch zwei kleinere ersetzt.

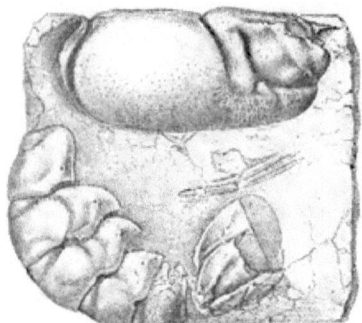

Figur 56. Hoploparia biserialis, F.
Vom Weissen Berge bei Prag. Nat. Grösse, Nro. d. Orig. 91 c.

Der Aussenrand der Hand sowie des unbeweglichen Fingers ist mit einem glatten verdickten Falze umrandet.

Die Oberfläche der Hand sowie der Finger ist fein granulirt.

Der Aussenrand des beweglichen Fingers ist etwas verdickt und trägt blos gegen die Basis hin Reste von zwei grossen Höckern. Die Innenränder der Finger sind schneidig mit schwachen Spuren abgenützter Zähne.

Das Exemplar stammt aus einem grossen festen Kalkknollen aus der Umgegend von Bechlin und es ist nicht ganz sicher, ob derselbe aus den Weissenberger oder den Maluitzer Schichten entstammt. Nach Resten, die sich an dem Handstuck befinden, ist zu erkennen, dass der Knollen den ganzen Krebs enthielt.

Bei der Revision der Vorräthe fand ich auch unter den Crustaceen vom Weissen Berge Reste einer Scheere neben einem Fragment eines Cephalothorax und des Abdomen, wornach das Vorkommen der Art daselbst sichergestellt wurde. (Taf. 5, Fig. 3a.) Später noch ein fast ganzes Exemplar (ohne Scheeren), das die Form der Schwanzsegmente prachtvoll aufweist. (Textfigur Nro. 56.)

Der Steinkern des Cephalothorax ist ganz glatt und zeigt eine dichte feine Punktirung, nur unterhalb der beiden Furchen ist eine quergerunzelte Stelle, das Rostrum ist abgebrochen, nach aussen vom Augeneinschnitt eine stumpfe Spitze. Die vordere Wangenfurche beginnt tief unter dem Rücken, biegt bogenförmig nach vorne und reicht daselbst bis zum Schalenrand. An der Umbiegstelle geht eine Seitenfurche zwischen zwei Erhöhungen. Die Nackenfurche ist tief und verliert sich gegen den Unterrand der Schale.

Die Schwanzsegmente sind glatt, fein punktirt; das erste fehlt, das zweite ist gross; die Epimere durch eine nach aussen ausgebuchtete Längswulst vom Mitteltheil abgesondert. Die Epimere fast viereckig, der Aussenrand trägt vor der abgebrochenen hinteren Ecke ein tiefes Grübchen. Parallel zum Hinterrande verläuft eine nach vorne umbiegende Furche.

Aehnlich sind die übrigen Epimeren beschaffen, ihr Aussenrand ist aber in seiner Mitte in eine kurze, etwas nach hinten gerichtete Spitze ausgezogen.

Von der Schwanzflosse ist blos die äussere Platte gut erhalten und man sieht an derselben, dass das letzte Drittel als separater, fein gestreifter Lappen abgegliedert ist.

Unterhalb des Cephalothorax liegt noch eine verworrene Gruppe von Kaufüssen.

In neuerer Zeit sammelte ich ein fast ganzes Exemplar und mehrere Fragmente dieser Art in Vinar bei Hohenmauth. Der Cephalothorax zeigt das für diese Gattung charakteristische unbedornte Rostrum, das nur gegen die Basis hin eine feine gekörnte Leiste trägt. (Taf. 5, Fig. 1.)

Die Fragmente der Scheere zeigen die Doppelreihe der Höcker am Aussenrande der Hand und eine sehr feine Bezahnung des Innenrandes eines Fingers. Auch im übrigen stimmen die Reste mit den eben beschriebenen vom Weissen Berge. Ein isolirter Cephalothorax (Fig. 2.) hat einen Rest der Schale erhalten, wo die Rauhigkeit der unteren Wange gut zu sehen ist, wie die vergrösserte Figur 2b. zeigt.

H. biserialis ist von den meisten englischen Arten durch den glatten Cephalothorax verschieden, namentlich von H. Saxbyi M'Coy, welcher sie im Scheerenbau sich am meisten nähert. Die Scheere hat am Innenrand bei unserer Art zwei Höckerreihen, bei Saxbyi wird ausdrücklich nur eine angeführt und abgebildet. Im Baue der Epimeren stimmt unsere Art mit H. granulosa Bell., sowie auch mit H. longimana Sow., weicht von ersterer durch den Mangel der Granulirung des Cephalothorax, von letzterer durch die Form der Scheere ab.

Hoploparia falcifer, Fr.

Taf. 5. Fig. 3. a–c., 4. u. 5.

In den tieferen Lagen der Weissenberger Schichten, und zwar in dem Horizont der Drinover Knollen fand ich Fragmente von Scheeren, die wahrscheinlich der Gattung Hoploparia angehören. Ihre Schale ist fein und dicht punktirt und die beiden Finger tragen auf der Fläche eine deutlich vorspringende Leiste. An den Rändern der Finger sieht man je zwei kräftige stumpfe Zähne. Auf der Scheere, die so lang ist als die Finger, stehen an dem Exemplare von Dřinov zwei grössere Höckerreihen.

Derselben Art dürfte auch eine Scheere angehören, die vom Weissen Berge in ziemlich schlecht erhaltenem Zustande vorgefunden wurde (Fig. 4.) und auch die Leiste an den Fingern deutlich aufweist.

In meiner Monographie der Weissenberger und Malnitzer Schichten erwähnte ich auch die Fragmente einer Hoploparia (cf. punctata) aus den Dřinover Knollen von Chabry bei Rostok, welche sehr wahrscheinlich dieser Art angehören.

Gattung **Paraclytia**, Fr.

Weissenberger und Malnitzer Schichten pag. 115.

Gesammtgestalt ähnlich der Gattung Nephrops, das Rostrum trägt jederseits 4 Dornen, welche auf der ganzen Länge der Ränder vertheilt sind. (Bei Nephrops nehmen sie nur den vorderen Theil des Rostrum ein.) Auf dem Rande vor der Nackenfurche eine mittlere und jederseits 3 Seitenreihen von spitzen Dornen.

Diese Gattung charakterisirte ich im Jahre 1877 als eine durch schmale mit schuppig verzierten Scheeren ausgezeichnete Form, welche gegen Enoploclytia eine ähnliche Stellung einnimmt als der jetzt lebende Nephrops gegen den Hummer.

Da ich damals nicht in der Lage war gleich die Abbildung zu veröffentlichen, so stellte im Jahre 1879 Schlüter*) ähnliche Reste aus Deutschland zur Gattung Hoploparia und nannte die Art H. nephropiformis.

Da sich aus vorangehender Charakteristik ersehen lässt, dass wir diesen Krebs nicht zur Gattung Hoploparia stellen können, so behalte ich den für ihn aufgestellten Gattungsnamen Paraclytia.

So lange das unbedornte Rostrum in der Diagnose der Gattung Hoploparia seine Geltung hat, kann die vorliegende Art nicht dieser Gattung eingereiht werden. Vielmehr wird man bei Betrachtung der ganzen restaurirten Figur geneigt sein, an eine Einreihung in die Gattung Nephrops zu denken, was vorderhand wegen der starken Bedornung des vorderen Theiles des Cephalothorax kaum thunlich erscheint.

Die Paraclytia steht zwischen Nephrops und Hoploparia, mit ersterem hat es das bedornte Rostrum, mit letzterem die bedornten Wangen gemein. Eine ähnliche Form Hoploparia sulcirostris. Bell**) aus dem Gault stellt bereits Zittel zu Nephrops.

Paraclytia Nephropica, Fr.

Taf. 4. Fig. 16. Textfig. Nro. 57.

1877, Weissenberger Schichten pag. 115.

Von dieser Art sammelte ich bereits im Jahre 1856 mehrere Exemplare am Weissen Berge bei Prag und stellte dieselben Prof. Reuss behufs der Beschreibung zur Disposition. Nach seiner Berufung nach Wien gab Prof. Reuss die Stücke wieder zurück und es verblieb ihre Verarbeitung bis zur gegenwärtigen Zeit. Später erwarb ich noch mehrere Exemplare an denselben Fundorte, von denen ich die besten abbilde. Die meisten Exemplare sind sehr mürbe Steinkerne, an denen man wenig Detail wahrnehmen kann und wieder waren es die Abgüsse in die Negative, welche die Grundlage für die restaurirte Figur Nro. 57. und die nachfolgende Beschreibung boten. Ausser den abgebildeten Exemplaren benützte ich noch eine Reihe anderer, die ich meinem Bruder Wenzel verdanke, und werde ich in nachfolgendem die Nummern der Belegstücke citiren.

*) Zeitschrift der deutschen geol. Gesellschaft. Band 31. Seite 591. Taf. XVI. Fig. 2.
**) Palaeontographica 1862. pag. 25. Taf. V. Fig. 8–10.

Fast alle Exemplare liegen auf der Seite und haben das Abdomen unterschlagen, blos eines liegt gestreckt nur mit unterschlagener Schwanzflosse vor. (Fig. 5.) Das grösste Exemplar (Fig. 2.) wird in gestrecktem Zustande etwa 24 cm gemessen haben, davon kommen auf den Cephalothorax 5 cm, auf das Abdomen 19·5 cm. Die rechte Scheere misst 7 cm, der ganze rechte Fuss 11 cm. Die linke Scheere 4·5 cm, der ganze linke Fuss 7 cm.

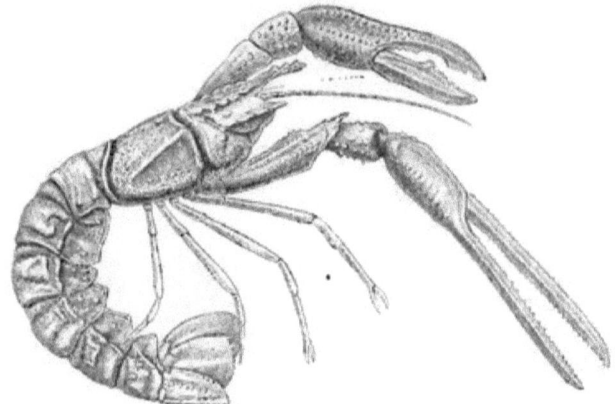

Fig. 57. Paraclytia nephropica. */?*.
Restaurirt nach den besten Exemplaren aus dem unteren Planer vom Weissen Berge bei Prag. (Nat. Grösse.)

Die zur Beschreibung und Zusammenstellung der restaurirten Figur benutzten Stücke sind folgende:

Nro. 97. Ein kleines Exemplar in Seitenlage mit sehr wohl erhaltenem Cephalothorax und Abdomen, mit 3 Fusspaaren. Positiv. Negativ und Gypsabguss. Taf. 4. Fig. 1.
98. Ein grosses Exemplar in Seitenlage. Weist die grössten Dimensionen und das wohlerhaltene erste und zweite Schwanzsegment auf. (Taf. 4. Fig. 2.) Positiv. Negativ und Gypsabguss.
99. Cephalothorax von oben gesehen, mit Rostrum. (Taf. 4. Fig. 3.)
100. Scheerenfragment, an dem die schuppige Verzierung wohl wahrzunehmen ist.
101. Ein fast ganzes Exemplar von oben her gesehen mit gutem Cephalothorax, an dem die Bedornung der Wangen zu sehen ist. (Taf. 5. Nro. 5. und 6.)
102. Ein ganzes Exemplar in Seitenlage mit gut erhaltenem zweiten und dritten Fusspaar und mit einem Kaufusse.
103. Ein ganzes Exemplar mit gutem zweiten Fusspaar.
103b. Gypsabguss eines fast ganzen Exemplars in Seitenlage mit gutem Cephalothorax und Abdomen.
104. Defectes ganzes Exemplar mit drittem, viertem und fünftem Fusspaar.
105. Cephalothorax und gut erhaltener rechter Vorderfuss.
105b. Gespaltener Cephalothorax (Exuvie) mit Rostrum.
105c. Cephalothorax mit langem Rostrum.

Alle stammen vom Weissen Berge bei Prag. — Ausserdem sind noch Reste von circa 30 Exemplaren bekannt.

Der Cephalothorax hat ein sehr ornamentales Aussehen. Er ist durch eine tiefe Nackenfurche in zwei fast gleiche Theile getheilt. Vor der Nackenfurche zieht sich noch eine seichtere an den Wangen nach vorne herab, die eine kleine Abzweigung nach hinten macht und sich vor dem Schalenrande gabelt.

Das Rostrum ähnelt dem der Enoploclytia; es hat etwa ½ der Länge des Cephalothorax und ist etwas nach oben und dann nach unten gebogen. Seiner Mitte entlang verläuft eine gekörnte Leiste, die Ränder tragen je 4 nach oben und aussen gerichtete Zacken, die auf der ganzen Länge des Rostrum gleichmässig vertheilt sind. Der Raum vor der Nackenfurche zeigt in der Mittellinie des Rückens eine Reihe von 4 länglichen Tuberkeln, die von zwei gebogenen Zackenreihen, welche in elliptischer Form verlaufen, umschlossen wird. Jede dieser Reihe zu 5 Zacken stellt gleichsam die Fortsetzung der Rostrumzacken dar. Dieser Zackenreihe parallel steht auf jeder Wange noch eine undeutliche schwächere und dann eine Reihe (Fig. 5) von 3 oder 4 starken nach vorne gerichteten Zacken. Der Raum hinter der Nackenfurche trägt am Rücken eine Doppelreihe spitzer Höcker; dann schief über die Seiten von vorn und innen nach hinten und aussen eine vorspringende Leiste und hat am unteren Schalenrand einen gekörnten Saum. Auch der Rand hinter der Nackenfurche erscheint verdickt.

Die Fläche des ganzen Cephalothorax erscheint ausser den beschriebenen Zacken glatt, nur die untere Wange sowie der hintere Theil des Raumes oberhalb der schiefen Leiste zeigen etwas Körnung. Der Hinterrand des Cephalothorax ist verdickt und zur Aufnahme des Abdomen in der Mitte ausgeschweift.

Das Abdomen ist fast doppelt so lang als der Cephalothorax, sehr kräftig und breit. Es liegt nirgends wohlerhalten von oben her vor, demnach die Beschreibung sich auf die Seitenansicht beschränken muss.

Das erste Segment ist kurz und trägt an der wenig entwickelten Epimere zwei grosse runde Höcker.

Das zweite Segment ist das kräftigste von allen. Der Mitteltheil zeigt gekrümmte Furchen, welche sehr an jene bei Nephrops erinnern. Die Epimere ist durch eine Längsleiste vom Mittelstück getrennt, ist stark nach vorne und hinten ausgedehnt, am Aussenrand fast gerade. Der Rand ist verdickt und auf der glatten Fläche stehen zwei runde Höcker. Die Epimeren der übrigen Segmente sind nach aussen in eine Spitze ausgezogen und tragen auch je zwei runde Höcker.

Das sechste Segment hat die Epimere kleiner und ist zur Aufnahme der Schwanzplatten abnorm gebildet.

Die Schwanzflosse ist gross, das Telson zeigt in der Mitte zwei Längswülste und zu jeder Seite noch eine gekörnte Wulst, die sich alle nach hinten verschmälern. Vergl. restaurirte Textfigur Nro. 58. (Darin stimmt Paraclytia mehr mit Enoploclytia als mit Nephrops überein.)

Die innere Seitenplatte ist so lang wie das Telson, trägt der Mitte entlang eine Wulst und am Hinterrande einige Spitzen.

Die äussere Seitenplatte ist grösser als die innere, und zwar um den beweglichen Lappen, der wie bei Enoploclytia und Nephrops das Enddrittel der Platte bildet.

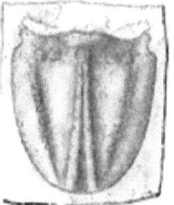

Figur 58. **Paraclytia nephropica**. Restaurirtes Telson der Schwanzflosse, zmal vergrössert.

Von den Antennen sind nur undeutliche Spuren an dem mit dem Rücken nach oben liegenden Exemplar (Taf. 4, Fig. 5), die darauf hindeuten, dass dieselben so schmächtig waren, wie bei Nephrops. Da das Exemplar in einem sehr quarzigen Knollen liegt, mislangen alle Präparationsversuche.

Das erste Fusspaar ist von sehr ungleicher Grösse. In der Regel ist die rechte Extremität viel grösser und schlanker gebaut als die linke. Die Dimensionen ersicht man an dem Taf. 4, Fig. 2 dargestellten Exemplar, besser aber an einem später aufgefundenen Exemplar (Nro. 105), das zur Darstellung der der restaurirten Figur benutzt wurde. Die ganze Scheere ist 7 bis 8 cm lang, wovon auf die Hand ⅘, auf die Finger ⅕ kommen. Die beiden Finger haben eine leistenförmig verdickte Firste und tragen an den Seiten jeder eine vorspringende Längsleiste, an den innen gewendeten Rändern tragen sie etwa 50 kleine, abwechselnd stärkere und schwächere Zähnchenreihen. Der Körper des Propodits ist mit schuppenförmigen Höckern besetzt, wovon zwei breite die Seitenflächen, zwei andere jederseits die Ränder einnehmen und sich auch auf die Rückenseiten der Finger fortsetzen. Auch die Felder zwischen den Hauptreihen tragen noch Reihen rundlicher Höcker.

Das Carpopodit ist wenig länger als breit und ähnlich verziert wie die Scheere.

Das Meropodit ist 2½ mal so lang als breit und trägt auch die Reihen von Schuppenhöckern wie die Scheere. Die übrigen Glieder sind unvollständig bekannt.

Die linke Extremität des ersten Fusspaares ist in der Regel kürzer, die Scheere breiter und die Zähne an den Fingern gröber und unregelmässiger.

Das zweite und dritte Fusspaar (Orig. Nro. 102.) ist lang und dünn und endet mit einer kleinen Scheere, an der bei der Seitenlage der obere Finger der bewegliche ist; das vierte und fünfte Fusspaar ist noch schwächer und etwas kürzer und endet mit einfacher Klaue.

Vom dritten Kaufuss ist an dem Exemplar Nro. 102. auch einer erhalten und wird dieses später aufgefundene Exemplar noch jüngeren Forschern Gelegenheit zu Detailstudien geben, in die ich mich jetzt nicht einlassen kann.

Gattung Stenocheles, Fr.

Die Scheeren lang, schlank, mit spitzen langen hechtförmigen Zähnen bewaffnet; die Spitzen der Scheeren gegen einander umgebogen.

Ich stelle vorläufig die folgenden zwei Arten mit den schlanken spitz bezahnten Fingern aus dem Grunde in eine neue Gattung, weil von denselben der Cephalothorax unbekannt ist, nach dem allein man entscheiden könnte, ob diese Arten zur Gattung Hoploparia oder einer anderen gehören.

Stenocheles parvulus, Fr.
Taf. 3. Fig. 3.

Von diesem zarten Decapoden erhielt ich zuerst ein Scheerenpaar nebst einem undeutlich erhaltenen Cephalothorax aus dem Wehlowitzer Pläner vom Weissen Berge bei Prag.

Beide Scheeren sind ziemlich gleich gross, und wurden alle klaffend vorgefunden. Die Zähnchen an den Fingern sind undeutlich erhalten, dürften aber so ausgesehen haben, wie bei dem weiter unten beschriebenen vollkommen gleichen Exemplar von Priesen.

Ein zweites Exemplar erhielt das Museum von Dr. Čurda aus Postelberg, welcher dasselbe in den Baculitenthonen bei Priesen (Laun) vorfand. An demselben ist nur die eine Scheere derjenigen vom Weissen Berge an Grösse gleich, die andere nur halb so gross.

Die Finger der grösseren Scheere sind auch klaffend, haben die Spitzen hakenförmig umgebogen und die Finger tragen jeder etwa 15—20 feine spitze gerade Zähnchen.

Die kleinere Scheere hat die Finger gerade, an den Spitzen nicht gut erhalten; die Zähnchen sehr zart, nach vorne gerichtet. Ein Scheerenglied fand sich ausserdem in den Vorräthen, welche das Museum aus Priesen besass.

Fragmente dieser Scheeren fand ich dann wiederholt in den weissen klingenden Inoceramenplänern, welche über den Teplitzer Schichten liegen, und zwar bei Teplitz in dem zum Schlossberg führenden Hohlwege. Herr Stud. Bukovský fand sie auf der Anhöhe bei Repin.

Stenocheles esocinus, Fr.
Taf. 4. Fig. 7. Textfigur Nro. 59.

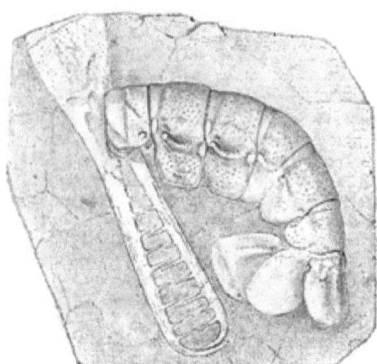

Figur 59. Stenocheles esocinus, Fr.
Vom Wollsberg bei Poděbrad, Nat. Grösse Nro. d, Orig. ж.

Vor etwa 20 Jahren fand ich in den höchsten Lagen der weissen klingenden Inoceramen-Pläner der Priesener Schichten am Wolfsberg bei Podiebrad ein Abdomen und eine Scheere eines ziemlich grossen Decapoden. Indem das, was zur Bestimmung der Gattung am nöthigsten ist, nämlich der Cephalothorax fehlte, so konnte ich damals auch eine genaue Bestimmung nicht vornehmen. Da die Scheere in der Form der Finger und in der Schärfe deren Zähne dem Stenocheles parvulus sehr ähnlich sieht, so entschloss ich mich jetzt diesen Rest vorderhand der Gattung Stenocheles einzureihen.

Die Hand der Scheere ist oval, ziemlich glatt, ohne grosse Dornen aber mit einer schuppigen Rauhigkeit und einzelnen kleinen Tuberkeln bedeckt. Die schlanken Finger sind etwa doppelt so lang als die Hand, haben die Spitzen zu einem langen, nach innen gerichteten Haken umgebogen. Die Finger sind den grössten Theil der Länge 3 mm breit und verdünnen sich dann nach vorne, um in einem fast rechten Winkel umgebogen 10 mm langen Haken auszulaufen. Die Rückenfirste beider Finger trägt eine verdickte Leiste. Jeder Finger trägt etwa 7 mm lange, schlanke, sehr spitzige Zähne, zwischen welchen noch hie und da kleinere eingereiht sind. Diese Form der Zähne deutet darauf hin, dass die Scheere zum Erfassen von weichen Thieren, vielleicht Quallen oder Cephalopoden bestimmt war. (Würde man einen solchen Finger isolirt finden, dann könnte man denselben für einen Fischkiefer halten oder einem bezahnten Vogelkiefer vergleichen.)

Das Postabdomen ist sehr gross, breit, mit grosser Schwanzflosse. Die einzelnen Segmente sind fast ganz flach, glatt und zeigen eine feine Punktirung. Ihre Form und Verzierung ist an dem zweiten Segmente des Positivabdruckes wohl erhalten und an der Textfigur 59, nach Möglichkeit genau dargestellt. Der Mitteltheil des Segmentes ist ohne gröbere Sculptur, trägt ganz deutliche runde Poren, welche gegen die Seitenwülste, durch welche sie von den Epimeren getrennt sind, unregelmässiger und grösser werden. Der Vordertheil des Segmentes, der sich unter das vorangehende Segment unterschiebt, ist ganz glatt und trägt nach aussen hin eine querovale Gelenkfläche.

Die Epimeren sind schwächer entwickelt als bei Hoploparia und zeigen eine abgerundet viereckige Form mit verdickten Rändern und tragen als Verzierung eine kurze Längsreihe von Tuberkeln, die fast parallel zum Aussenrande der Epimere verläuft.

Die Schwanzflosse ist sehr breit; das Telson nicht gut erhalten, aber man erkennt doch, dass es mit ziemlich kleinen in Längsreihen gestellten Tuberkeln geziert war. Die innere Seitenplatte ist ganz mangelhaft erhalten, man erkennt blos ihre breite abgerundete Gestalt.

Die äussere Seitenplatte ist dadurch interessant, dass der abgegliederte Endtheil blos ¹, der Plattenlänge beträgt; der Mitte entlang, etwas nach aussen, zieht sich eine gebogene Längsleiste.

Familie **Thalassinidae**, *M. Edw.*

Schale dünn, der Körper zuweilen mit Ausnahme der Scheerenfüsse weichhäutig. Cephalothorax sehr kurz. Rostrum kaum entwickelt, dreieckig zugespitzt. Abdomen stark verlängert, vorn schmal. Epimeren fehlend oder rudimentär. Schuppe der äusseren Antennen obsolet. Die zwei vorderen (und das hinterste?) Fusspaar des Thorax mit Scheeren. Die Scheeren des sehr kräftigen vorderen Fusspaares sind fast immer sehr ungleich. Die Schwimmfüsse des Abdomen tragen zuweilen Kiemen. (Zittel.)

(Die Form der Endglieder an dem dritten und fünften Fusspaare ist meist eine derartige, dass man dieselbe schwer zu deuten vermag, ob es eine falsche oder wahre Scheere ist.)

Gattung **Callianassa**, *Leach.*

Körper mit Ausnahme der Scheeren weichhäutig. Cephalothorax klein zusammengedrückt. Abdomen sehr lang und schmal, erstes Segment dünn und kurz, Schwanzflosse gross. Die Scheeren des ersten Beinpaares sind ungleich gross, seitlich stark abgeplattet, die scharfen Ränder mit feinen Borstengrübchen besetzt. Der bewegliche Finger ist in den Scheerenballen eingelenkt und auf beiden Seiten an der Basis von einem kragenförmigen Vorsprung umgeben, Carpopodit geradlinig mit dem Propodit verbunden, fast von gleicher Gestalt und Breite wie dieser, jedoch kürzer, hinten etwas verschmälert und abgerundet; die übrigen Glieder des Scheerenfusses beträchtlich schmäler und kleiner.

Die Callianassen der böhm. Kreideformation behandelte ich ausführlich in einer weiter unten citirten Arbeit und will mich hier nur auf kürzere Bemerkungen über dieselben beschränken, insofern sie meine früheren Angaben ergänzen oder berichtigen. Zur Orientirung gab ich einige Copien aus der älteren Abhandlung in den Text.

Figur 60. Callianassa Turtiae, *Fr.*
a Erstes Fusspaar, b Drei Segmente des Abdomen.
Aus den cenomanen Korytzaner Schichten von Holubic.
Nat. Grösse. Nro. d. Orig. 118.

Callianassa Turtiae, *Fr.*

Ueber die Callianassen der böhmischen Kreideformation. Abhandlungen der königl. böhm. Gesellschaft der Wissenschaften Band XV. 1893. Textfigur Nro. 60.

Diese Art ist durch die langen schmalen Scheeren und durch abweichende Furchung an dem Abdominalsegmente charakterisirt. Sie wurde in den auf silurischen Schiefern direkt aufliegenden Exogirenbänken in Holubic bei Kralup, sowie in den Rudistenkalken von Korytzan in Gesellschaft mit Crania gracilis Goldf. gefunden.

Callianassa bohemica, Fr.

Callianassa Faujassi Desm. L. v. Taf. I. Fig. 6—9. Reuss; Verst. I, pag. 11.

Textfigur Nro. 61.

Diese aus den turonen Weissenberger und Malnitzer Schichten der Gegend von Laun stammende Art ist durch die langen schlanken Finger an beiden Scherenpaaren charakterisirt.

Der von mir früher abgebildete Thorax sammt Fühlern (die Call. Taf. I. Fig. 7.) ist nach einem sehr mangelhaft erhaltenen Exemplar gemacht und die Deutung der etwas zu stark restaurirten Theile ganz fraglich.

Das vorhandene Material gestattet nicht eine detaillirte Vergleichung mit der nachfolgenden Art durchzuführen, da es meist nur Steinkerne von Scheeren sind. Es haben diese Reste hauptsächlich nur das Interesse, dass sie das Vorkommen der Gattung Callianassa in den tieferen Turonschichten nachweisen, von wo sie schon von Reuss als C. Faujassi aus dem Plänersandstein von Leitmeritz(?) und Hradek angeführt wurden.

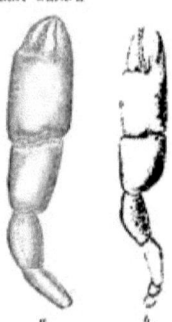

Figur 61. Callianassa bohemica, Fr.
Aus den Launer Knollen der Malnitzer Schichten, Kostka's Steinbruch in Laun.
Nat. Grosse. Nro. d. Orig. 126.

Figur 62. Callianassa antiqua, Otto.
Aus den Iserschichten von Böhm. Trubau.
Nat. Grosse. Nro. d. Orig. 122.

Figur 63. Callianassa antiqua, Otto.
a Rechte Scheere aus den Iserschichten von Doksnka bei Turnau.
Nat. Grosse. Nro. d. Orig. 123.
b Scheere aus den Chlomeker Schichten von Kieslingswalda.
Nat. Grosse. Nro. d. Orig. 125.

Callianassa antiqua, Otto.

Geinitz: Quadersandsteingeb. Tab II. Fig. 23. — Call. Faujassi bei Reuss II. Th. Taf. V. Fig. 52. — Call. antiqua Otto, Reuss II. pag. 105, Call. antiqua, Otto. Fr. Call. pag. 7, Taf. II. Fig. 1—6. — Iserschichten pag. 127, Fig. 112.

Textfigur Nro. 62—65.

Diese Art ist durch die kurzen, dicken Finger an der grösseren Scheere, sowie durch die gekörnte Verzierung auf der Aussenfläche des Meropodits ausgezeichnet. Die kleinere Scheere hat schlankere spitzere Finger.

Reuss führte diese Art zuerst als C. Faujassi „aus dem Bunzlauer Kreis" an und gab auf Taf. V, Fig. 52. die Abbildung einer grösseren Scheere, wo vor dem Propodit der grösseren Scheere die kleinere Scheere quer über liegt. Die sägeartige Bezahnung der Ränder ist wohl nur dem Zeichner zuzuschreiben.

Im Supplement pag. 105, führt Reuss diese Art schon als die „Call. antiqua Otto an, und zwar aus dem unteren Quader" (Iserschichten jetzt) von Trichitz und Schirmsdorf unweit Landskron, sowie aus dem „unteren Quader" (jetzt Chlomeker Schichten) von Kreibitz.

Die Call. antiqua Otto trat in unserer Kreideformation zweimal in der typischen Form auf: zuerst in den Iserschichten, wo sie in der 5. Etage der Trigonienschichten[*]) und dann in den viel jüngeren Chlomeker Schichten, wo sie in Kieslingwalda in Gesellschaft von Cardium Ottonis auftritt.

Vergl. Studien im Gebiete der böhm. Kreideformation Iserschichten 1883 pag. 59, Fig. 17.

Familie Thalassinidae.

In den Iserschichten ist sie in der Gegend von Choroušek sehr selten, und Herr Jos. Procházka fand sie blos einzeln in den Steinbrüchen bei Krnsko und Stranov. Häufiger erscheinen sie im Iserthale bei Bakov, von wo auch das früher von mir abgebildete Abdomen herrührt. (Callianassen Taf. II. Fig. 1.) In Dolanka bei Turnau (Iserschichten pag. 46.) treten sie in einer der höchsten Lagen der Trigonienschichten auf. Einzeln traf ich sie bei Chotzen, massenhaft aber in denselben Schichten bei Leitomyschl und Böhm. Trübau. Unweit des letztgenannten Ortes an einem Fahrwege gegen Abtsdorf hin, gelang es mir vor Jahren mehrere Exemplare mit erhaltenem Abdomen aufzufinden, von denen ich in Fig. 62, eines abbilde. Vom Cephalothorax zeigte kein einziges Exemplar eine Spur. Die an Call. antiqua reichen Trigonienkalke der Iserschichten zielen sich dann weit nach Mähren hin.

Aus den Chlomeker Schichten von Kieslingswalda bildet Geinitz im Quaderkalke schon ein theilweise restaurirtes fast ganzes Exemplar ab. (Taf. II. Fig. 2.) Unser Museum erhielt zuerst zwei fast ganze Exemplare vom genannten Fundorte durch den berühmten Astronomen Bronsen aus Senftenberg. Später sammelte ich und mein Assistent Herr Kafka in Kieslingswalda ein reiches Material, welches ich zur Restaurirung der Textfigur Nro. 63. benutzte.

Die dazu benutzten Originale sind folgende:

Nro. 125. Scheere mit Schale benutzt zur Textfigur Nro. 63, b.
" 126. Gutes eingerolltes Abdomen mit wohlerhaltenen Epimeren.
" 127. Die 2 Exemplare von Brorsen, an denen das 1., 3., 4te Fusspaar constatirt wurde. (Positiv, Negativ u. Gypscopie.)
" 128. Eingerolltes Abdomen mit sehr gutem ersten und zweiten Segment.
" 129. Fast ganzes Exemplar (ohne Cephalothorax) mit beiden Scheeren und gutem Abdomen.
" 130. Eingerolltes in Schwefelkies erhaltenes Exemplar mit gut erhaltener Schwanzflosse und Meropodit mit Schale.
" 131. Ganzes Exemplar (ohne Cephalothorax) mit guter Aussenplatte der Schwanzflosse.
" 132. Eingerolltes Abdomen mit guter Schwanzflosse.
" 133. Eingerolltes Exemplar mit 2., 3. und 4. Fusspaar.
" 135. Eingerolltes Exemplar mit guter Schwanzflosse.

Es ist mir nicht gelungen zwischen den Exemplaren aus den Iserschichten und denen aus den Chlomeker Schichten von Kieslingswalda einen nahmhaften Unterschied zu constatiren.

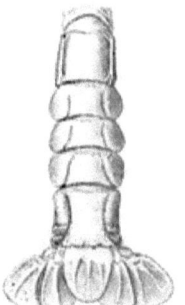

Figur 64. **Callianassa antiqua.** Abdomen von oben nach Exemplaren von Kieslingswalda restaurirt in nat. Grösse.

Die Scheerenfüsse sind hinlänglich bekannt und die Form der übrigen Fusspaare auf der restaurirten Figur deutlich zu sehen. Die Form der Endglieder des dritten und fünften Paares ist ziemlich unsicher, da von diesen weichen verschieden verbreiteten Formen sich im Gesteine nichts erhalten hat. Vom Cephalothorax konnte ich nirgend eine Spur entdecken, trotz dem ich einige Exemplare der Nachforschung nach demselben opferte. Das von Geinitz von Kieslingswalda als Cephalothorax abgebildete Stück wurde seiner Angabe nach (Erklärung zur Taf. II. Elbthalgeb. II. pag. 280. Taf. 64. Fig. 6.) isolirt gefunden und seine Zugehörigkeit zu Callianassa ist nicht nachgewiesen. Es erinnert bedeutend an das Krabben-Schild, das ich von Kieslingswalda weiter unten als Palaeocorystes Callianassarum beschreibe. Die Vergleichung mit der lebenden Art bestätigt meine Zweifel über die Zugehörigkeit dieses Stückes zu Callianassa, da an demselben die Regionen des Krabben-Schildes genugsam angedeutet sind, von welchen bei Callianassa keine Spur ist, während die Nackenfurche fehlt.

Um jeden Zweifel über meine Auffassung zu beheben, werde ich weiter unten eine doppelt vergrösserte Zeichnung geben, welche besser als die Figur auf Taf. 10. Fig. 9, die Sculptur des Krabben-Schildes darstellt.

Die Form des Abdomens gelang es mir ziemlich präcise zusammenzustellen und ich gebe dessen Seiten- und Rückenansicht in Textfigur Nro. 64. Die Oberfläche aller Segmente ist glänzend glatt.

Das erste Segment ist kurz und schmal.

Das zweite Segment ist das längste von allen, trägt parallel zum geraden Aussenrande eine vorspringende Leiste, so dass es zur Bildung einer schmalen Epimere kommt.

Das dritte und fünfte Segment haben gleiche Form; sie sind glatt und ihre Seitentheile werden durch eine von hinten einschneidende Furche in Form von rundlichen nach aussen in eine stumpfe Spitze ausgezogenen Lappen abgetrennt.

Das sechste Segment ist sehr schön gebaut und namentlich an Nro. 132 vorzüglich erhalten. Zu beiden Seiten des glatten Mitteltheiles liegen zwei polsterartige Seitenlappen, die über $^2/_3$ der Länge des Segmentes reichen. Im letzten Drittel dieser Polster stehen zwei Querreihen von Tuberkeln, die an diejenigen auf den Epimeren der Glyphaea erinnern und Borstenreihen zur Stütze gedient haben. Unter den Seitenpolstern liegen Vorsprünge, welche die Gelenkfläche zur Einfügung der äusseren Schwanzplatten tragen.

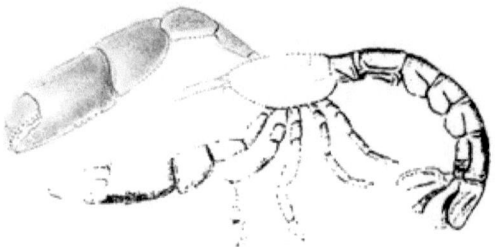

Figur 65. Callianassa antiqua. *Otto.*
Restaurirt nach Exemplaren von Kieslingswalda. Nat. Grösse.

Die Schwanzflosse ist sehr kräftig, breit; das Telson ist um $^1/_3$ kürzer als die Seitenplatten; es ist nach hinten verschmälert und abgerundet. Es trägt eine schwache mittlere und zwei starke gebogene seitliche Leisten. Die innere Seitenplatte zeigt einen verdickten Aussenrand und eine über die ganze Länge etwas gebogen sich hinziehende Leiste. Die äussere Seitenplatte trägt ausser dem verdickten Aussenrand noch zwei vorspringende Leisten.

Callianassa brevis, *Fr.*

L. c. S. 10, Taf. II. Fig. 9.
Tafel 9. Figur 1. bis 7.

Diese Art ist durch die kurzen breiten Scheeren und die hakenförmig gekrümmten Finger an der grösseren Scheere charakterisirt. Schon Reuss erwähnt einzelner Callianassen-Scheeren in dem Pläuermergel (der Priesener Schichten) von Luschitz und Priesen, ohne dieselben weiter zu beschreiben oder abzubilden. Ich fand in diesen Schichten, die im östlichen Böhmen als klingende weisse Inoceramen-Pläner auftreten, auffallend kurze, breite Scheeren, die ich l. c. unter dem Namen C. brevis beschrieb. Seitdem erhielt ich noch mehrere Exemplare, welche die Selbstständigkeit der Art bestätigen. Dieselbe ist als eine dem Aufenthalte in weichem Schlamme angepasste Callianassa aufzufassen, bei der nur die Spitzen der Finger verkalkten, das übrige alles weich blieb. Die Gesammtlänge dieser kleinen Art wird in gestrecktem Zustande in der Regel etwa 50 mm betragen haben. Einzelne Scheeren deuten auf grössere Dimensionen hin.

Der Cephalothorax ist in seinen Umrissen an einem Exemplare von Vysoká angedeutet und trägt am Vorderrande die beiden vorderen Antennen. (Taf. 9, Fig. 2.)

Die Scheeren des ersten Fusspaares sind ungleich, die Finger der grösseren Scheere meist hakenförmig, die der kleineren gerade und verhältnissmässig länger. Es sind blos die Finger verkalkt und der vorderste Theil des Scheerenkörpers, das übrige der Extremität war weich und ist blos als chitinöse Membran angedeutet. Fast überall sieht man das Sehnenband, an dem sich die Muskeln zur Bewegung des Fingers ansetzten, erhalten.

An Fig. 4. und 7. sieht man Reihen von Poren, am Aussenrand des beweglichen Fingers und am ganzen entgegengesetzten Rande der Scheere; auch am Innenrand des unbeweglichen Fingers steht eine Reihe von Poren.

Das Abdomen ist sehr mangelhaft erhalten, war glatt und von ähnlichen Dimensionsverhältnissen wie bei C. antiqua.

Calliauassa elongata, Fr.

Call. pag. 11. Taf. II. Fig. 7.

Textfigur Nro. 66.

Ich fand in den Priesener Schichten am Fusse des Berges Hoblik bei Laun einige Exemplare dieser auffallend langen und schmalen Art, die sich nur gleichsam als Sepiazeichnung auf dem grauen Letten erhalten haben. Die Hand ist sammt den Fingern 22 mm lang, 7 mm breit und es hat sowohl der Daumen, als auch der Zeigefinger auf dem Innenrande je einen Zahn. Es ist zweifelhaft, ob diese Scheeren der Gattung Callianassa angehören; eher ist es wahrscheinlich, dass wir es hier mit einer Hoploparia zu thun haben, welche der H. falcifer Taf. 5, Fig. 5, nahe steht.

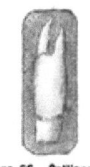

Figur 66. Callianassa? elongata. Fr.
Vom Hoblikberge bei Laun. Nat. Grösse.
Nro. d. Orig. 149a.

Figur 67. Callianassa gracilis. Fr.
Aus den Priesener Schichten von Priesen bei Laun. Nat. Grösse.
Nro. d. Orig. 149b.

Callianassa gracilis, Fr.

Call. pag. 11. Taf. II. Fig. 8.

Textfigur Nro. 67.

Diese kleine nette Art findet man als Seltenheit in den Bakulitenschichten in Priesen. Dieselbe ist von der C. brevis besonders dadurch ausgezeichnet, dass die Zähnelung der Ränder aus scharfen mit der Spitze nach vorne gerichteten Sägezähnen besteht, während sie bei der früher beschriebenen viereckig und nach aussen gerichtet waren. Die Länge des Handgliedes beträgt 10 mm, die Breite 4 mm.

Unter-Ordnung: **Brachyura**, Latr.

Familie Dromiacea, d. Haan.

Cephalothorax rundlich, drei- oder viereckig. Fünftes Beinpaar kleiner als die übrigen, auf die Oberseite gerückt, zuweilen mit einer verkümmerten Scheere. Kiemen zahlreich. (Zittel.)

Gattung Polycnemidium, Reuss.

Diese Gattung ist durch die Vielhöckrigkeit ihres Schildes ausgezeichnet, wurde von Reuss zwar ausführlich beschrieben aber nicht kurz diagnosticirt.

Polycnemidium pustulosum, Reuss.

Zur Kenntniss fossiler Krabben pag. 6, T. 3, F. 1. — Dromilites pustulosus Reuss; Kreid. Verst. B. pag. 15, T. 9, F. 23.

Textfigur Nro. 68.

Dieses kleine Krabbenschild, welches Reuss in seinem grossen Werke über Krabben ausführlich beschreibt, wurde früher der Gattung Dromilites, später aber einer neuen Gattung eingereiht. Es ist mir nicht bekannt, wohin das Original gerathen ist.

Ein ähnliches Krabbenschild, welches Reuss in seinen Versteinerungen der böhm. Kreideformation Taf. 7, Fig. 23, abbildet und damals auch als Dromilites aufführte, gehört seiner neueren Ansicht nach, einer ganz verschiedenen Gattung an, die sich aber wegen der mangelhaften Erhaltung der Ränder nicht genau charakterisiren lässt. Zu welcher der beiden Arten die Scheerenfragmente gehören, welche Reuss Taf. XI. Fig. 23. abbildet, lässt sich kaum entscheiden.

Figur 68. Polycnemidium pustulosum, Reuss.
Aus den Priesener Schichten von Hochpetsch bei Bilin.
3mal vergr. Copie nach Reuss.

Familie Oxystomata, *M. Edw.*

Cephalothorax rundlich, vorn bogenförmig. Mundrahmen dreieckig, vorne zugespitzt, oft bis zur Stirngegend verlängert. Epistoma fast rudimentär. Antennenregion winzig. Der Zuleitungskanal der Kiemenhöhle meist vor dem Mund. Männliche Geschlechtsöffnung am Hüftglied des fünften Paares. Kiemen wenig zahlreich. (Zittel.)

Gattung Palaeocorystes, *Bell.*

Schale länger als breit, wenig gewölbt, hinten allmählig verschmälert. Vorderrand gezähnt. Rostrum kurz. Augenhöhlen breit oval, oben mit zwei feinen Spalten. Nackenfurche kräftig; Herzregion wohl umgrenzt. Abdomen mit sieben Gliedern in beiden Geschlechtern. Die fünf vorderen kurz, das sechste vierseitig, das siebente halbeiförmig. Mundrahmen schmal, zugespitzt. Die zwei Aeste des letzten Kieferfusses schmal; Scheeren gleich gross, die hinteren Fusspaare beträchtlich schwächer.

Palaeocorystes isericus, *Fr.*
Taf. 10. Fig. 5, 6.

Die Grundlage dieser Beschreibung bilden zwei Steinkerne des Cephalothorax, welche beide aus den höchsten an Callianassa reichen Lagen der Iserschichten herrühren.

Das erste Stück erhielt ich von Herrn Stecker, der es in einem Steinbruche bei Jungbunzlau gefunden hat, das andere fand ich in der Sammlung des Herrn Apothekers Erxleben in Landskron und rührt dasselbe dem Gesteine nach zu urtheilen, aus der Nähe von Bahna, Trübau her.

Die Verschiedenheit im Aussehen der beiden Stücke rührt wahrscheinlich von dem verschiedenen Erhaltungszustande her und davon, dass bei dem einen der Vorderrand, beim anderen wieder der Hinterrand besser erhalten ist.

Der Cephalothorax ist fast so lang als breit, vorne ziemlich grad, in seiner hinteren Hälfte nach hinten nur wenig verengt. Der Stirnrand hat [1], der Breite des Schildes und trägt in der Mitte eine vorspringende Längsleiste. Oberhalb dem Augeneinschnitt steht ein grosser Dorn. Der seitliche Vorderrand scheint vier oder fünf Spitzen getragen zu haben.

Die Regionen sind schwach angedeutet und eher an dem reinen Steinkerne Fig. 6, wahrzunehmen, als an dem mit etwas Schalenschichte bedeckten Fig. 5a. Am ersteren sieht man einen Tuberkel an jedem Gastrallobus und einen oberhalb der Herzgegend. Die Kiemenregion trägt ein gestreiftes Band längs des Innenrandes. An dem anderen Exemplare tritt die Begrenzung der Gastralregion deutlicher hervor.

Soweit es der mangelhafte Erhaltungszustand erlaubt, ist an unseren Exemplaren eine ziemliche Aehnlichkeit mit den aus England bekannten Arten wahrzunehmen. Die Gestalt unserer Art ist aber etwas kürzer; die Tuberkeln auf der Gastral- und Cordialregion stimmen mit ähnlichen bei Pal. Stokesi aus dem Grünsand von Cambridge.

Palaeocorystes Callianassarum, *Fr.*
Taf. 10. Fig. 9. Textfigur Nro. 69.

Ein einziges Exemplar besitzen wir aus den Chlomeker Schichten von Kieslingswalda und dies wurde von Herrn Assistenten Kafka daselbst gefunden. Es stellt blos ein schalenloses Thoraxschild von eiförmiger mässig gewölbter Form dar, dessen vorderer Aussenrand mit drei Spitzen versehen ist, die von vorne nach hinten an Grösse abnehmen. Die Länge beträgt 30 mm, die grösste Breite 17 mm.

An dem Steinkerne sind nur schwache Spuren der Schale vorhanden und je mehr diese durch Waschen beseitigt wurde, desto deutlicher traten die Verzierungen und die Form der einzelnen Regionen hervor. Der Stirnrand ist abgebrochen, die Cardialregion viereckig, etwas hinter der Mitte gestellt, in der Mitte mit einem Tuberkel bezeichnet. Die Regionen treten nicht durch Wölbungen hervor, aber ihre Grenzen sind durch granulirte Linien angedeutet. Von grösseren Tuberkeln stehen zwei vor der Gastralregion, vier der Quere nach auf derselben, dann vier im Quadrat und dahinter ein centraler. Der Aussenrand des verengten Schildtheiles trägt eine leistenförmige Verdickung.

In der Gesammtform stimmt diese Art mit der Gattung Palaeocorystes überein, während die granulirte Begrenzung der Regionen an Eucorystes Carteri Bell, erinnert. Vollständigere Exemplare werden erst über die systematische Stellung Sicherheit bringen.

Figur 68. Palaeocorystes Callianassarum, Fr.
a von oben, b von der Seite, c von vorne. Vergr. 2mal, Nro. d. Orig. 143.
Aus den Chlomeker Schichten von Kieslingswalda.

Eine ganz ähnliche Versteinerung bildet Geinitz im Quaderbuche als wahrscheinlichen Cephalothorax von Callianassa ab und es wird nöthig sein, das betreffende Stück von neuem zu revidiren, ob es nicht dem eben beschriebenen Palaeocorystes angehört. Indem an demselben die bei Callianassa stark entwickelte Nackenfurche fehlt, so ist deren Zugehörigkeit zu dieser Gattung zweifelhaft.

Gattung Necrocarcinus, Bell.

Cephalothorax rundlich, mit dreieckigem Rostrum und deutlich umgrenzten Regionen, auf der Oberfläche mit grossen Höckern verziert, vorderer Theil der Seitenränder etwas vorgezogen. Augenhöhlen gerundet, oben offen und mit zwei feinen Schlitzen. Mundrahmen ebenso breit als lang mit concaven Seitenrändern.

Necrocarcinus avicularis, Fr.
Taf. 10. Fig. 2. a—c. Fig. 10., 11. u. 12.

Von Zbyslav und Kamajk besitzen wir eine Reihe von Scheeren, die theils auf den ausgewitterten Halden gefunden, theils aus dem festen weissen Kalk, der die Gneissklüfte stellenweise ausfüllt, herausgeschlagen wurden. Ihrer Form nach stimmen sie mit denen, die als zur Gattung Necrocarcinus gehörig von Bell und Schlüter angeführt werden. Von den bisher bekannten Arten unterscheiden sie sich durch mehr rundliche Form und durch feinere Granulirung. Vom Cephalothorax wurde blos ein Fragment (Taf. 10, Fig. 13.) neben einer Scheere gefunden und dies würde durch die grossen, schütter stehenden Tuberkeln an den N. Woodwardi erinnern.

Necrocarcinus perlatus, Fr.
Taf. 10. Fig. 14.

In dem Baculitenmergel der Priesener Schichten von Cernodol bei Laun fand ich in einem tiefen Wasserrisse, der nach einem Wolkenbruche sich bildete, eine Scheere, die durch sehr kurze Finger ausgezeichnet ist. Die Tuberkeln verhältnissmässig gross, kugelrund und liegen wie Schrotkörner auf der Oberfläche der Scheere.

Familie **Oxyrrhincha**, *M. Edw.*

Cephalothorax dreieckig, vorne zugespitzt, mit verlängertem rüsselartigem, zuweilen gabeligen Stirnschnabel. Regionen deutlich entwickelt. Leberregion klein. Mundrahmen viereckig, nach vorn verbreitet. Männliche Geschlechtsöffnung am Hüftgliede des fünften Beinpaares.

Gattung **Lissopsis**. *Fr.*

Der Cephalothorax in der vorderen Hälfte dreieckig, nach hinten hin allmählig verengt. Der Stirnlappen breit, abgerundet, am äusseren Augenhöhlenrand eine starke Spitze. Körpergegenden stark in Form von abgerundeten Höckern vorspringend.

Lissopsis transiens, *Fr.*
Taf. 10. Fig. 7. *a, b.*

Der kleine 8 mm lange und eben so breite Cephalothorax wurde in den an Callianassen reichen Kalken der Iserschichten bei Böhm. Trübau aufgefunden. In seiner Gestalt bildet er einen Uebergang von den Dreieck-Krabben zu den Bogenkrabben und zeigt in Bezug auf den breiten Stirnlappen und die grossen höckerigen Körperregionen grosse Aehnlichkeit mit der im Mittelmeer vorkommenden Gattung Lissa. Die Ränder des Stirnlappens tragen eine Reihe von niedrigen Tuberkeln. Von der Stirne bis zur Herzregion zieht sich eine vorspringende Leiste. Der Lobus protogastricus tritt als glatte paarige Wölbung hervor, der centrale Gastraltheil ist ebenfalls glatt, dagegen trägt die Cardialregion etwa 8 grosse Höcker, die dreilappige Branchialregion ist hinten mit zwei kurzen Längsreihen kleiner Höcker geziert.

Familie **Cyclometopa**, *M. Edw.*

Cephalothorax breit nach hinten verschmälert, vorn bogenförmig ohne vorspringendes Rostrum. Lebergegend sehr stark entwickelt, mindestens die Hälfte der Seitentheile einnehmend. Mundrahmen fast viereckig, sehr breit, von der Stirn entfernt und durch die breiten Maxillarfüsse bedeckt. Epistoma kurz, breiter als lang. Abdomen des Männchen den ganzen Raum zwischen den Basalgliedern des hintersten Fusspaares einnehmend. Die männliche Genitalöffnung im Hüftgliede der Hinterbeine. (Z.)

Gattung **Etyus**, *Mant.*

Cephalothorax klein, quer elliptisch, doppelt so breit als lang, mit horizontaler Nackenfurche. Gastralregion schmal, deutlich umgrenzt. Augenhöhlen oblong, genähert, oben mit 3 Höckern besetzt. Füsse lang, dünn. (Zittel.)

Etyus Buchi, *Mant.*

Psedoophthalmus Buchi, Reuss: Kreideverst. I. pag. 15. T. 5. F. 50. — Reussia Buchi, Reuss sp.: Zur Kenntniss fossiler Krabben pag. 9. T. 2. F. 4. — Etyus Buchi Mant. bei Zittel: Handbuch der Palaeontologie pag. 710.

Textfigur Nro. 70.

Diese von Reuss ausführlich beschriebene Art aus dem Plänermergel (der Priesener Schichten) von Hochpetsch, wurde in neuester Zeit als zur Gattung Etyus angehörig erkannt. Ich gebe (Fig. 70.) eine Copie der neueren Reuss'schen Darstellung, um die einheimischen Sammler auf diese interessante Krabbe aufmerksam zu machen.

Figur 70. **Etyus Buchi,** *Mant.* Aus den Priesener Schichten von Hochpetsch, nach Reuss. Vergr. 2mal.

Lupeites granulatus, Fr.
Taf. 10. Fig. 8. Textfigur Nro. 71.

Unter diesem provisorischen Namen führe ich hier einen sehr interessanten Krabbenrest an, welcher von meinem Assistenten Herrn Počta in den Teplitzer Schichten bei Rohatec, nördlich von Raudnitz, aufgefunden wurde. Derselbe erinnert in mehrfacher Beziehung an die Gattung Lupea. Erstens durch die Form der Zacken am Vorderrande, dann durch die feine Granulation der Schale und endlich durch eine eigenthümliche Furchengruppe, wie dieselbe ähnlich bei Lupea an den Seitenfurchen der Gastralregion vorkömmt. Die Orientation über die eigentliche Lage dieser Querfurchenreihe ist bei der Unvollständigkeit des Restes unmöglich.

Figur 71. Fragment der Schale von Lupeites granulatus. 6mal vergrössert. Zeigt die Furchenreihe und die Granulation der Schale.

(Cancer?) modestus, Fr.
Taf. 10. Fig. 12.

In demselben Gesteine, in welchem bei Kamajk die Scheeren von Necrocarcinus vorkommen, fanden sich auch zwei Krabben-Schilder, die aber unmöglich dieser Gattung angehören können. Dieselben sind quer oval, fast doppelt so breit als lang und sind gleichmässig mit runden, ziemlich egalen Tuberkeln besetzt. Von den Rändern ist blos ein Theil des rechten Vorderrandes erhalten, der eine geschlossene Reihe von gleich grossen Tuberkeln trägt, wie es ähnlich bei der Gattung Calappa vorkommt. Die Oberfläche ist gleichmässig gewölbt und nur in der Magenregion gewahrt man zwei undeutliche Furchen, die einen stumpfen mit der Spitze nach hinten gerichteten Winkel bilden. Dieselben scheinen einer Bogenkrabbe angehört zu haben.

(Cancer?) solitarius.
Taf. 10. Fig. 1. a—d.

Mehrere kräftige kurze Finger einer Krabben-Scheere besitzen wir aus dem cenomanen Kalkstein von Korytzan. Dieselben deuten auf eine grosse dicke, kurze Scheere hin, sind länglich dreieckig mit ebenfalls dreieckigem Querschnitt an der Basis. Sie haben die Länge von 15 mm und sind doppelt so lang als an der Basis breit. Am Innenrande tragen sie einen kleinen und zwei grosse länglich ovale stark vorspringende Höcker.

(Cancer?) reversus, Fr.
Taf. 10. Fig. 3.

Unter diesem provisorischen Namen führe ich ein Scheerenfragment an, an welchem der unbewegliche Finger stark nach aussen umgebogen ist, wie wir es zum Beispiel bei der Gattung Calappa oder Ranina finden. Die Schale ist sehr fein punktirt. Der Rest stammt aus den kalkigen an Trigonia reichen Lagen der Iserschichten von Čejtic (Bahnhof Jungbunzlau).

Zum Schlusse erwähne ich noch eines länglichen Scheerengliedes, dessen Schale vollkommen glatt ist, aus den Korytzaner Schichten von Zbyslav (Taf. 10. Fig. 4. a—e,) und das ich vorderhand Astacus laevissimus benenne.

Tabellarische Uebersicht der Crustaceen der böhm. Kreideformation
nach ihrer Vertheilung in den einzelnen Schichten.

Familie	Seite	Prager Schichten	Korycaner Schichten	Weissenberger Sch.	Malnitzer Schichten	Iser-Sch.	Teplitzer Schichten	Priesener Schichten	Chlomeker Schichten
Crustacea.									
A. Entomostraca.									
Ordnung Cirripedia.									
Unterordnung Thoracica.									
Familie **Lepadidae.**									
1. Loricula pulchella. Sow. Var. minor	2	—	—	+	—	—	—	—	—
Var. gigas	3	—	—	—	—	—	+	—	—
2. Scalpellum quadratum. Darw.	5	—	+	—	—	—	—	+	—
3. Scalpellum quadricarinatum, Reuss	5	—	+	—	—	—	—	—	—
4. Scalpellum Kamajkense, Kafka	5	—	+	—	—	—	—	—	—
5. Scalpellum fossula, Darw.	5	—	+	—	—	—	—	—	—
6. Scalpellum maximum, Sow, sp.	6	—	+	—	—	—	—	+	—
7. Scalpellum angustum. Dix. sp.	6	—	+	—	—	—	—	—	—
8. Scalpellum tuberculatum, Darw.	6	—	+	—	—	—	—	—	—
9. Scalpellum crassum. Kafka	7	—	+	—	—	—	—	—	—
10. Scalpellum nitens, Kafka	7	—	+	—	—	—	—	—	—
11. Pollicipes glaber, Roem.	8	—	+	+	—	—	—	+	+
12. Pollicipes Bronnii, Roem.	9	—	+	—	—	—	+	—	—
13. Pollicipes costatus, Kafka	9	—	+	—	—	—	—	—	—
14. Pollicipes striatus, Darw.	9	—	+	—	—	—	—	—	—
15. Pollicipes fallax. Darw.	10	—	+	—	—	—	—	+	—
16. Pollicipes cuspidatus, Kafka	11	—	+	—	—	—	—	—	—
17. Pollicipes Kosticensis, Kafka	11	—	—	—	—	—	+	—	—
18. Pollicipes elongatus, Steenstrup	11	—	+	—	—	—	—	—	—
19. Pollicipes conicus, Reuss	11	—	+	—	—	—	—	+	—
20. Pollicipes unguis, Sow. (zweifelhaft)	12	—	—	—	—	—	—	+	—
Familie **Balanidae.**									
21. Balanula (?) cretacea, Kafka	12	—	+	—	—	—	—	—	—
Ordnung Ostracoda.									
Familie **Cypridae.**									
22. Bairdia subdeltoidea, v. Münst.	13	—	—	+	—	—	+	+	—
23. Bairdia modesta, Reuss	13	—	—	+	—	—	+	—	—
24. Bairdia arcuata. var. faba Reuss	13	—	—	+	—	—	+	+	—
25. Bairdia depressa, Kafka	14	—	—	—	—	—	+	—	—

Familie	Perutzer Schichten	Korytzaner Schichten	Weissen-berger Sch.	Malnitzer Schichten	Iser-Sch.	Teplitzer Schichten	Priesener Schichten	Chlomeker Schichten
Familie Cytheridae. Seite								
26. Cythere concentrica, Reuss 14	—	—	—	—	—	—	+	—
27. Cythere Karsteni, Reuss 14	—	—	—	—	—	—	+	—
28. Cythere semiplicata, Reuss 15	…	—	—	—	—	—	+	—
29. Cythere ornatissima, Reuss 15	—	—	—	—	—	+	+	—
30. Cythere Geinitzi, Reuss 15	—	—	—	—	—	+	—	—
31. Cythere reticulata, Kafka 15	—	—	—	—	—	+	—	—
32. Cythere gracilis, Kafka 16	—	—	—	—	—	+	—	—
33. Cythere cuneata, Kafka 16	—	—	—	—	—	+	—	—
34. Cythere nodifera, Kafka 16	—	—	—	—	—	+	—	—
35. Cythere serrulata, Bosquet 16	—	—	—	—	—	+	+	—
36. Cythere elongata, Geinitz 17	—	—	—	—	—	+	—	—
37. Cytheridea perforata, Roem. sp. 17	—	—	+	—	—	+	+	—
38. Cytherideis laevigata Roem. sp. 17	—	—	—	—	—	+	+	—
Familie Cytherellidae.								
39. Cytherella ovata, Roem. sp. 18	—	—	—	—	—	+	+	—
40. Cytherella Muensteri, Reuss 18	—	—	—	—	—	+	+	—
41. Cytherella asperula, Reuss 19	—	—	—	—	—	+	—	—
42. Cytherella, sp. Kafka 19	—	—	—	—	—	+	—	—
B. Malacostraca.								
Ordnung Decapoda.								
Unterordnung Macrura.								
Familie Palinuridae.								
43. Podocrates Dubnensis, Becks 20	—	—	—	+	—	—	—	+
44. Palinurus Woodwardi, Fr. 22	—	—	+	—	—	—	—	—
Familie Glypheidae.								
45. Glyphaea bohemica, Fr. 23	—	—	+	—	—	—	—	—
Familie Astacomorpha.								
46. Enoploclytia Leachi, Mant. 27	—	—	+	+	+	+	+	—
47. (Astacus) cenomanensis, Fr. 32	—	+	—	—	—	—	+	—
48. Schlüteria tetracheles, Fr. 33	—	—	+	—	—	—	+	—
49. Nymphaeops? lunatus, Fr. 35	—	—	+	—	—	—	—	—
50. Hoploparia biserialis, Fr. 35	—	—	+	—	—	—	—	—
51. Hoploparia falcifer, sp. 37	—	—	+	+	—	—	—	—
52. Paraclytia nephropica, Fr. 37	—	—	+	—	—	—	—	—
53. Stenocheles parvulus, Fr. 40	—	—	+	—	—	—	+	—
54. Stenocheles esocinus, Fr. 40	—	—	—	—	—	—	+	—

Familie		Perutzer Schichten	Koystemer Schichten	Weissenberger Sch.	Malnitzer Schichten	Iser-Sch.	Teplitzer Schichten	Priesener Schichten	Chlomecker Schichten
Familie Thalassinidae.									
55. Callianassa Turtiae, Fr.	41	—	—	—	—	—	—	—	—
56. Callianassa bohemica, Fr.	42	—	—	—	—	—	—	—	—
57. Callianassa antiqua, Otto	42	—	—	—	—	⁚	—	—	+
58. Callianassa brevis, Fr.	44	—	—	—	—	—	⁚	—	—
59. Callianassa elongata Fr.	45	—	—	—	—	—	+	—	—
60. Callianassa gracilis, Fr.	45	—	—	—	—	—	—	—	—
Unterordnung Brachyura.									
Familie Dromiaceae.									
61. Polycnemidium pustulosum, Reuss	45		—	—	—	—	—	—	—
Familie Oxystomata.									
62. Palaeocorystes sericeus, Fr.	46	—	—	—	—	—	—	—	—
63. Palaeocorystes Callianassarum, Fr.	46	—	—	—	—	—	—	—	+
64. Necrocarcinus avicularis, Fr.	47	—	+	—	—	—	—	—	—
65. Necrocarcinus perlatus, Fr.	47	—	—	—	—	—	—	⁚	—
Familie Oxyrhyncha.									
66. Lissopsis transiens, Fr.	48	⁚	—	—	—	—	—	—	—
Familie Cyclometopa.									
67. Etyus Buchi, Zittel	48	—	—	—	—	—	—	⁚	—
68. Lupeites granulatus, Fr.	49	—	—	—	—	—	⁚	—	—
69. (Cancer) modestus, Fr.	49	—	⁚	—	—	—	—	—	—
70. (Cancer) solitarius, Fr.	49	—	—	—	—	—	+	—	—
71. (Cancer) reversus, Fr.	49	—	—	—	—	—	—	—	—
72. Astacus laevissimus	49	—	—	—	—	—	—	—	—

Ueberblicken wir die uns bekannt gewordenen Crustaceen aus der böhmischen Kreideformation, so müssen wir einsehen, dass das nur ein sehr kleiner Theil von denen sein dürfte, welche damals gelebt haben müssen. Es scheint, dass sich blos das erhalten hat, was am Strande als Exuvie vom Wellenschlag in den Schlamm oder Sand eingegraben oder als Fragment herumgerollt wurde.

Namentlich ist es auffallend, dass sich die zarten Palaemoniden, die wohl kaum in den Gewässern gefehlt haben, da sie schon im weissen Jura häufig sind und in der jüngsten Kreide in Westphalen auch wieder vorkommen, bei uns selbst in den feinen Priesener Schichten nicht erhalten haben.

Gross ist verhältnissmässig die Zahl der Cirripeden, was dadurch erklärlich ist, dass ihre festen Schalen, auch von Arten, welche weit vom Ufer in grosser Tiefe lebten, sich am Strande angesammelt haben.

Von Ostracoden sind nur einige weit verbreitet und häufig, die meisten erscheinen nur in den sogenannten Koschtizer Platten unter Massen von Foraminiferen, Brachiopoden und Haifischzähnen, einer Bildung, welche unter ganz besonders günstigen Verhältnissen sich an einem flachen, nicht sehr tiefen Strande gebildet haben muss. Hier fanden die Ostracoden reichliche Nahrung an den vom Meere ausgeworfenen Thieren.

Von den Macruren Decapoden finden wir Repräsentanten von Familien, die noch fast alle heut zu Tage im Mittelmeer leben.

So vertritt die **Enoploclytia** den Hummer, die **Paraclytia** den Nephrops, Langusten lebten in sehr ähnlichen Formen wie heut zu Tage. **Callianassen** beherbergten den Ufersand.

Schwieriger ist es Vertreter der Gattungen **Glyphaea, Hoploparia, Nymphaeops** und **Stenocheles** zu finden, aber unter den Crustaceen aus grossen Tiefen und fernen Meeren dürften noch Vertreter dieser Kreide-Crustaceen aufzufinden sein. So ist zum Beispiel die Aehnlichkeit sehr gross zwischen der scharf bezahnten Scheere von **Stenocheles esocinus** und derjenigen des Astacus (?) zaleucus W. Schm., welchen die Chalengerexpedition in der Nähe der St. Thomas (Antillen-Insel) aus einer Tiefe von 2,000 Metern gefischt hat und dessen genaue Vergleichung mit den Crustaceen der Kreideformation gewiss grosses Interesse bieten wird. Da ich zufällig im Besitze des Clichés aus dem Chalengerwerke bin, so gebe ich das Bild als Schlussvignette.

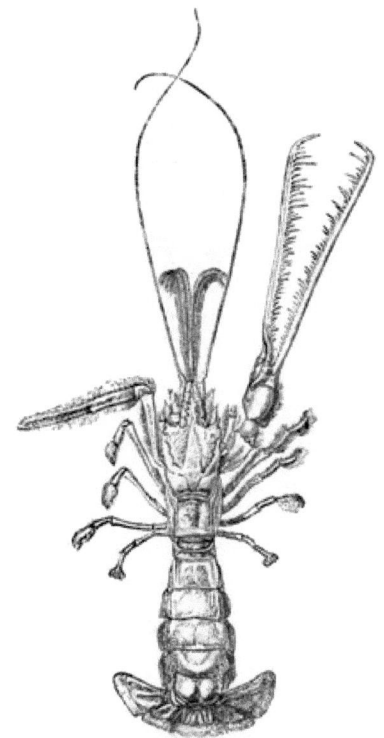

Astacus (?) zaleucus, *W. Schm.*
Aus 2,000 Meter Tiefe bei St. Thomas (Antillen-Inseln von der Chalengerexpedition gefischt.
Zum Vergleich der Scheere mit dem auf Seite 40 abgebildeten
Stenocheles esocinus, *Fr.*

Uebersicht der Publicationen

aus

dem Gebiete der Palaeontologie der böhm. Kreideformation

die auf Grundlage

des vom Comité für Landesdurchforschung eingesammelten Materiales veröffentlicht wurden.

1. **Fritsch A.** Über die Callianassen der böhm. Kreideformation. (Abhandlungen der königl. böhm. Gesellschaft der Wissenschaften. VI. Folge. 1. Bd. 1867.) [Vergriffen.]
2. **Fritsch A.** Palaeontologische Untersuchungen der einzelnen Schichten in der böhm. Kreideformation. I. Perutzer und Korytzauer Schichten. (Im Archiv für naturwiss. Landesdurchforschung von Böhmen. Band I. Abthlg. II. 1869. Preis 4 fl. 50 kr.)
3. **Fritsch A.** und **Schlönbach U.** Die Cephalopoden der böhm. Kreideformation. 1872. (Preis 15 fl.)
4. **Novák O.** Beitrag zur Kenntniss der Bryozoen der böhm. Kreideformation. (Aus den Denkschriften der kais. Akademie der Wissenschaften Wien. XXXVII. Band. 1877.) Preis 3 fl.
5. **Fritsch A.** Palaeontologische Untersuchungen der einzelnen Schichten in der böhm. Kreideformation. II. Weissenberger und Malnitzer Schichten. (Archiv für naturwiss. Landesdurchforschung von Böhmen. Band IV. Nro. 1. 1878. Preis 3 fl.)
6. **Fritsch A.** Die Reptilien und Fische der böhm. Kreideformation. 1878. Preis 15 fl.
7. **Fritsch A.** Fossile Arthropoden aus der Steinkohlen u. Kreideformation Böhmens. (In Mojsisowics u. Neumayr. Beiträge zur Palaeontologie Oesterreichs-Ungarns. 1882.)
8. **Fritsch A.** Palaeontologische Untersuchungen der einzelnen Schichten in der böhm. Kreideformation. III. Iserschichten. (Archiv für naturwiss. Landesdurchforschung von Böhmen. Band V. Nro. 2. 1883. Preis 3 fl.)
9. **Velenovský J.** Die Flora der böhm. Kreideformation. IV Theile. (In Mojsisowics und Neumayr. Beiträge zur Palaeontologie Oesterreichs-Ungarns. Band II., III., IV. und V. 1882—85.)
10. **Počta Ph.** Beiträge zur Kenntnis der Spongien der böhm. Kreideformation. III Abtheilungen. Abhandlungen der königl. böhm. Gesellschaft der Wissenschaften. VI. Folge. Band 12. u. VII. Folge Band 1. 1883—85. Preis 2 fl. 72 kr.)
11. **Velenovský J.** Die Gymnospermen der böhm. Kreideformation. 1885. (Preis 10 fl.)
12. **Velenovský J.** Neue Beiträge zur Kenntnis der Pflanzen des böhm. Cenomans. (In den Sitzungsberichten der königl. böhm. Akademie der Wissenschaften. 1886.)
13. **Počta Ph.** Die Anthozoen der böhm. Kreideformation. (Abhandlungen der königl. böhm. Gesellschaft der Wiss. VII. Folge. Band 2. Preis 1 fl.)
14. **Novák O.** Beiträge zur Kenntnis der Echiniden der böhm. Kreideformation. I. Die regulären Echiniden des böhm. Cenomans. (Abhandlungen der königl. böhm. Gesellschaft der Wissenschaften. VII. Folge. Band 2.

In Vorbereitung:

Fritsch A. Palaeontologische Untersuchungen der einzelnen Schichten der böhm. Kreideformation. IV. Teplitzer Schichten.

Velenovský J. Die Farne der böhm. Kreideformation.

Počta Ph. Die Rudisten der böhm. Kreideformation.

Zu haben bei

FR. ŘIVNÁČ,

Buchhandlung in Prag, Graben, Museumsgebäude.

Taf. 1.

Loricula pulchella, G. B. Sowerby. (Text pag. 1.)

Fig. 1. Var. gigas. Zwei Exemplare mit Bepanzerung der rechten Seite. Aus der Wohnkammer eines riesigen Ammonites peramplus Teplitzer Schichten, Koschtitz. (Nat. Grösse. Neu. d. Orig. 7.)

Fig. 1. b–f. Stielschilder aus der 4ten Reihe des Fig. 1. abgebildeten Exemplars. (Vergr. 4mal.)
    1. b. Mittlere Stielreihe.   1. e. Car. Randreihe.
    1. c. Carinale Stielreihe.   1. f. Scut. Randreihe.
    1. d. Scutale Stielreihe.

Fig. 2. Var. minor. Ein ganzes Exemplar: aufgewachsen auf einem Am. peramplus. Aus dem Wehlowitzer Fischpläner vom Weissen Berge bei Prag. (Coll. Zeidleri.) (Vergr. 3mal. Neu. d. Orig. 2.)

Fig. 2. a. Dasselbe von dem carinalen Rande aus gesehen.

Fig. 2. b. Fragment des Stiels, das am Ammoniten etwas aus der Lage verschoben ist, aber zu Fig. 2. zugezeichnet wurde.

Fig. 2. c. Restaurirte Contour-Figur von Fig. 2. mit Bezeichnung der Schilder.
    c. Carina.   sc. Carinalrandreihe des Stieles.
    t. Tergum.   ss. Scutalrandreihe des Stieles.
    sct. Scutum.   cl. Carinale Stielreihe.
    sc'. Linkes Scutum.   ml. Mittlere Stielreihe.
    l. Carinolaterale.   sl. Scutale Stielreihe.
    l'. Oberes Laterale.

Fig. 3. Ein kleines Exemplar linker Seite, aus einem Ammoniten vom Weissen Berge bei Prag. (Geschenk des Herrn Klement Čermák.) (Vergr. 3mal. Neu. d. Orig. 3.)

Fig. 4. Fragment einer Loricula. Bepanzerung der linken Seite, mit unterschlagenem Hintertheile. Auf einem grossen Ammoniten der Weissenberger Schichten von Stieboklak. (Vergr. 2mal. Neu. d. Orig 6.)

Fig. 4. b. Gruppe der Schilder des Capitulum. (Vergr. 4mal.)
    c. Carina.   l. Carinolaterale.
    t. Tergum.   l'. Oberes Laterale.

Fig. 5. Gruppe von Loriculabrut verschiedenen Alters. Als Negativ auf einem Ammonites Woolgari abgedruckt. nach einem galvanischen Abdruck gezeichnet. (Vergr. 12mal. Neu. d. Orig. 1.)

Fig. 6. Jüngstes Exemplar mit 5 Schildern in der Mittelreihe des Stiels.   ⎫
Fig. 7. Aelteres Exemplar mit 6 Reihen.   ⎬ Nach Fig. 5. restaurirt.
Fig. 8. Noch älteres Exemplar mit 7 Reihen und Anfängen beider Randreihen.   ⎭

Dr A. Fritsch et Kafka Crustaceen d. b. Kreide. Taf. 1

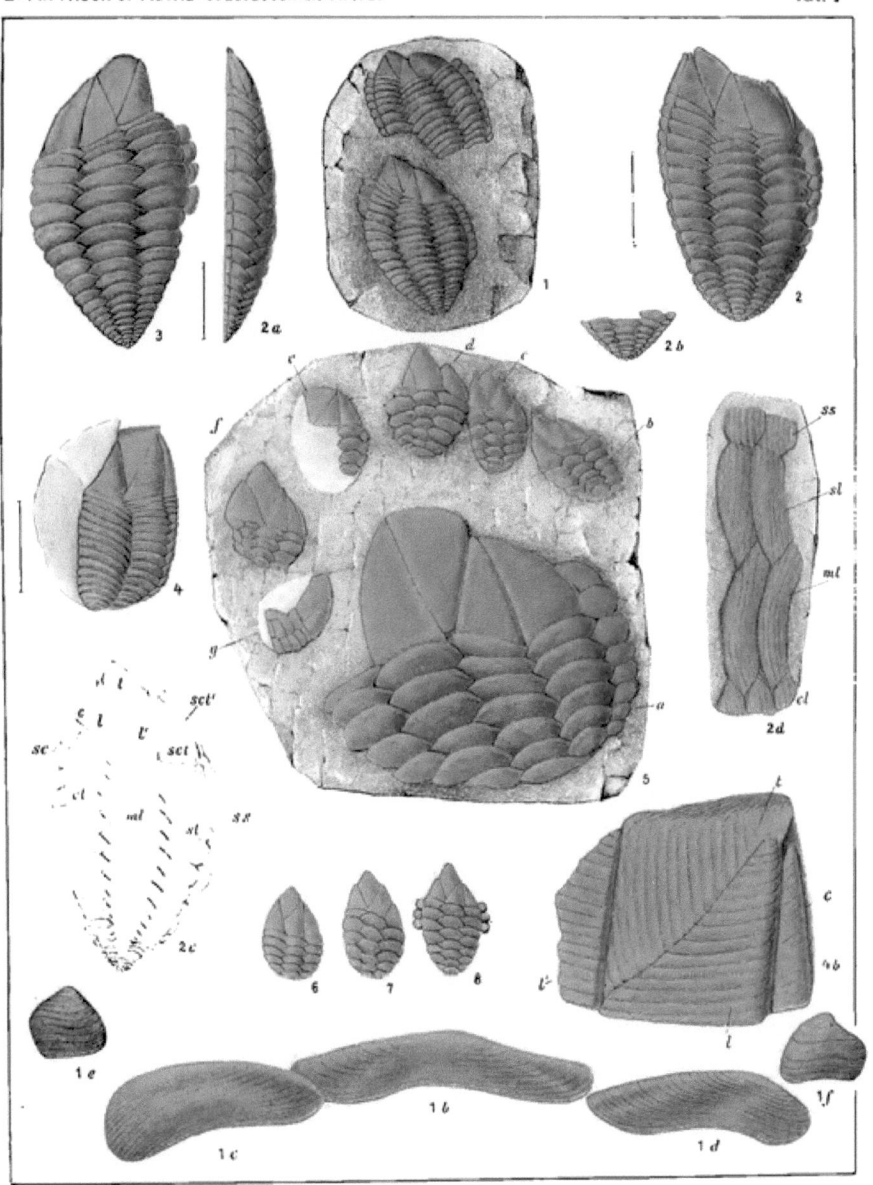

Taf. 2.

Palinurus Woodwardi, Fr. (Text pag. 22.)

(Vergleiche Taf. 5. Fig. 7.)

Aus dem Wehlowitzer Pläner vom Weissen Berge bei Prag.

Sämmtliche Figuren sind in natürlicher Grösse nach Gypsabgüssen in die Negativabdrücke gezeichnet.

Fig. 1. Cephalothorax von oben. (Nro. d. Orig. 52.)
Fig. 2. Fast ganzes Exemplar mit dem Rücken dem Gestein aufliegend.
Unterhalb des ersten Fusspaares liegt ein Fragment der äusseren Fühler und ein Basaltheil der inneren. Am Cephalothorax sieht man die Höhlungen der Höcker von innen. Am Schwanztheile blos die Spangen und ein Rudiment der harten Basaltheile der Schwanzflosse. Nro. d. Orig. 51.)
Fig. 3. Fragmente zweier Segmente des Postabdomen von oben her gesehen.

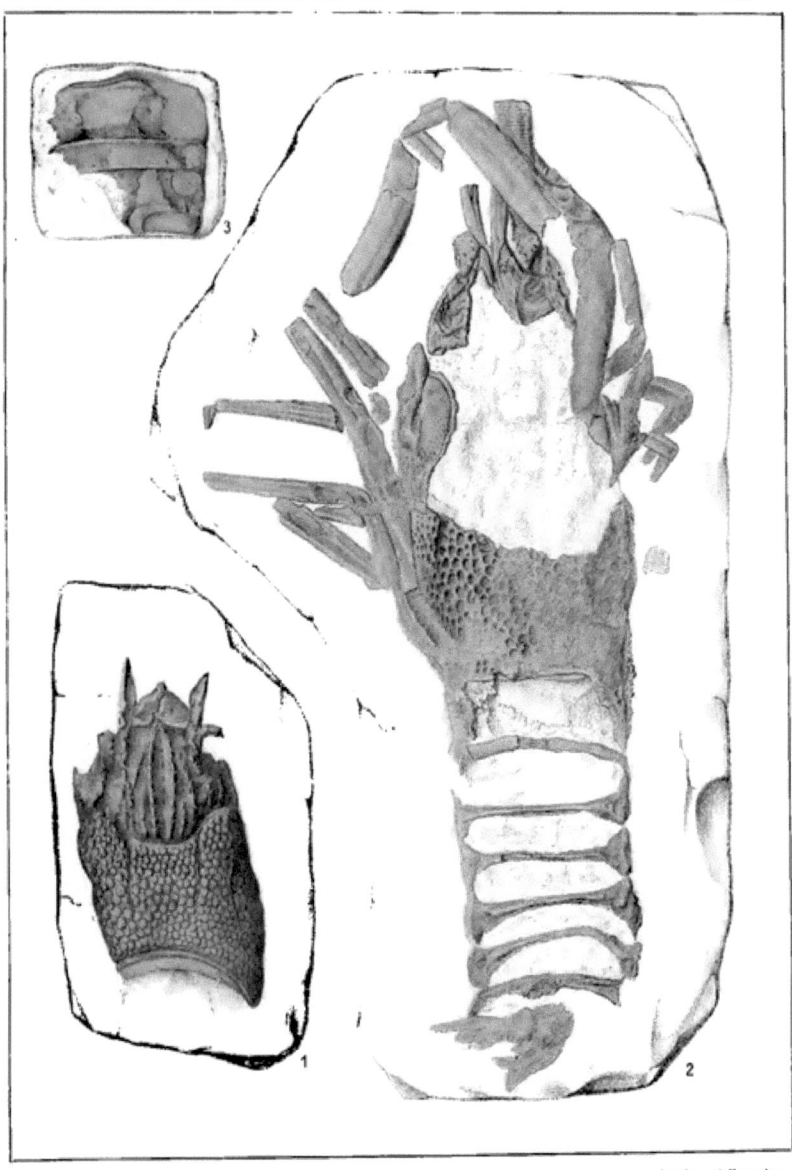

Taf. 3.

Podocrates Dulmensis, *(Becks) Schlüter.* (Text pag. 20.)

(Vergleiche Textfigur Nro. 44.)

Aus den Iserschichten von Vinař bei Hohenmauth.

Fig. 1. Cephalothorax mit den Basalgliedern der Antennen eines kleineren Exemplars.
(Nat. Grösse. Nro. d. Orig. 50.)
Fig. 2. Cephalothorax und Postabdomen eines grösseren Exemplars. (Nat. Grösse. Nro. d. Orig. 49.)

Stenocheles gracilis, *Fr.* (Text pag. 40.)

Fig. 3. Zwei gleich grosse Scheeren des ersten Fusspaares mit Cephalothorax aus dem Pläner des Weissen Berges bei Prag. (Nat. Grösse. Nro. d. Orig. 82.)
Fig. 4. Zwei ungleich grosse Scheeren aus den Priesener Schichten von Priesen. (Nro. d. Orig. 94.)

Hoploparia biserialis, *Fr.* (Text pag. 35.)

(Vergleiche Taf. 5. Textfigur Nro. 56.)

Aus den Launer Knollen der Malnitzer Schichten von Bechlin bei Raudnitz.

Fig. 5. Scheere mit abgebrochenen Spitzen in natürlicher Grösse. (Nro. d. Orig. 87.)

Dr A Fritsch et Kafka. Crustaceen d b Kreide

Taf. 3

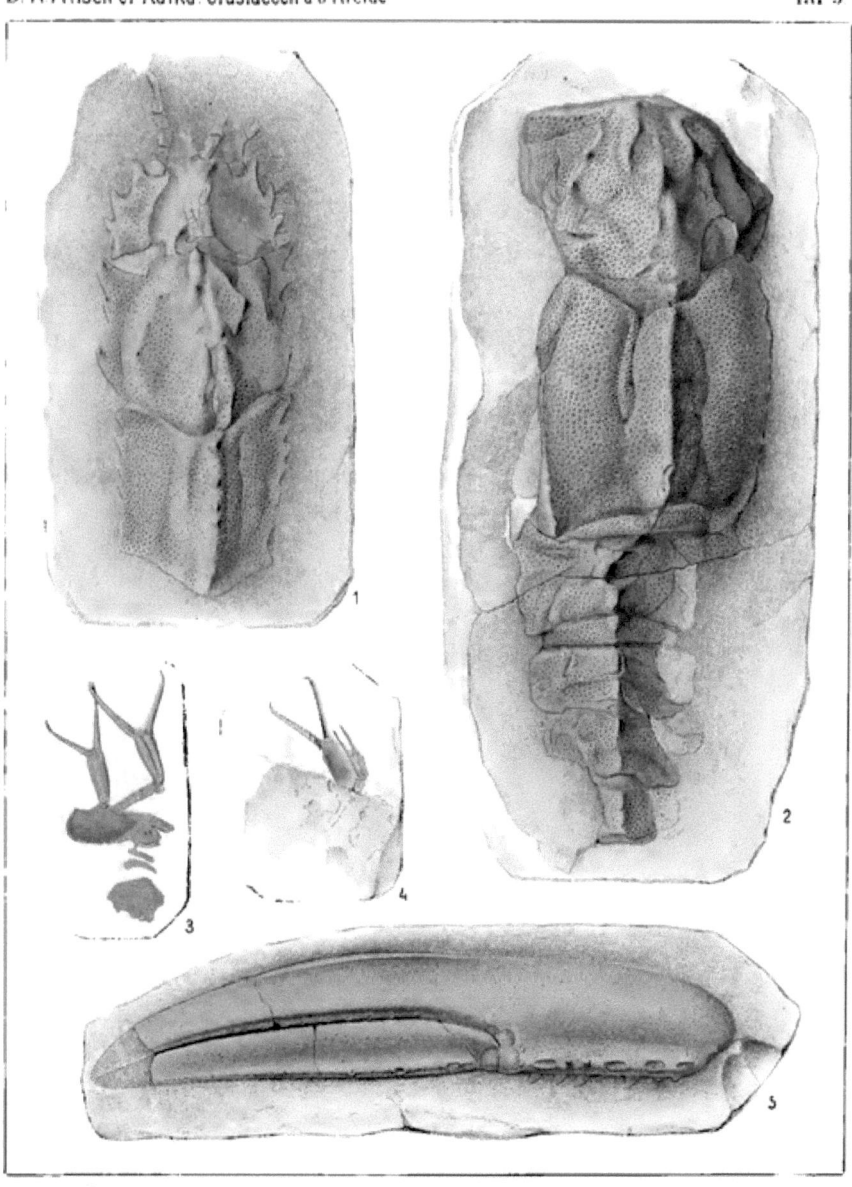

Taf. 4.

Paraclytia nephropica, *Fr.* (Text pag. 37.)

(Vergleiche Textfigur Nro. 57. und 58.)

Aus dem Turonen Pläner (Weissenberger Schichten) vom Weissen Berge bei Prag.

Alle Figuren in natürlicher Grösse.

Fig. 1. Ein ganzes halb ausgewachsenes Exemplar in Seitenlage mit dem 1ten, 2ten und 3ten Fusspaar. (Neo. d. Orig. 97.)
Fig. 2. Ein angewachsenes ganzes Exemplar in Seitenlage mit dem 1ten, 4ten und 5ten Fusspaar. (Neo. d. Orig. 98.)
Fig. 3. Cephalothorax von oben gesehen mit abgebrochenen Seitenspitzen. (Neo. d. Orig. 99.)
Fig. 4. Fragment einer Scheere, an der die schuppige Verzierung gut wahrnehmbar ist. (Neo. d. Orig. 100.)
Fig. 5. Cephalothorax und Postabdomen von oben, vorne die linke Scheere. Mit wohlerhaltenen Spitzen am vorderen Theile des Cephalothorax. (Neo. d. Orig. 101.)
Fig. 6. Dasselbe Exemplar in Seitenlage.

Stenocheles esocinus, *Fr.* (Text. pag. 40.)

Aus dem weissen Inoceramenpläner der Priesener Schichten am Gipfel des Wolfsberges bei Podebrad.

Fig. 7. Eine Scheere und ein Abdomen ganz flachgedrückt. (Nat. Grösse. Neo. d. Orig. 96.)

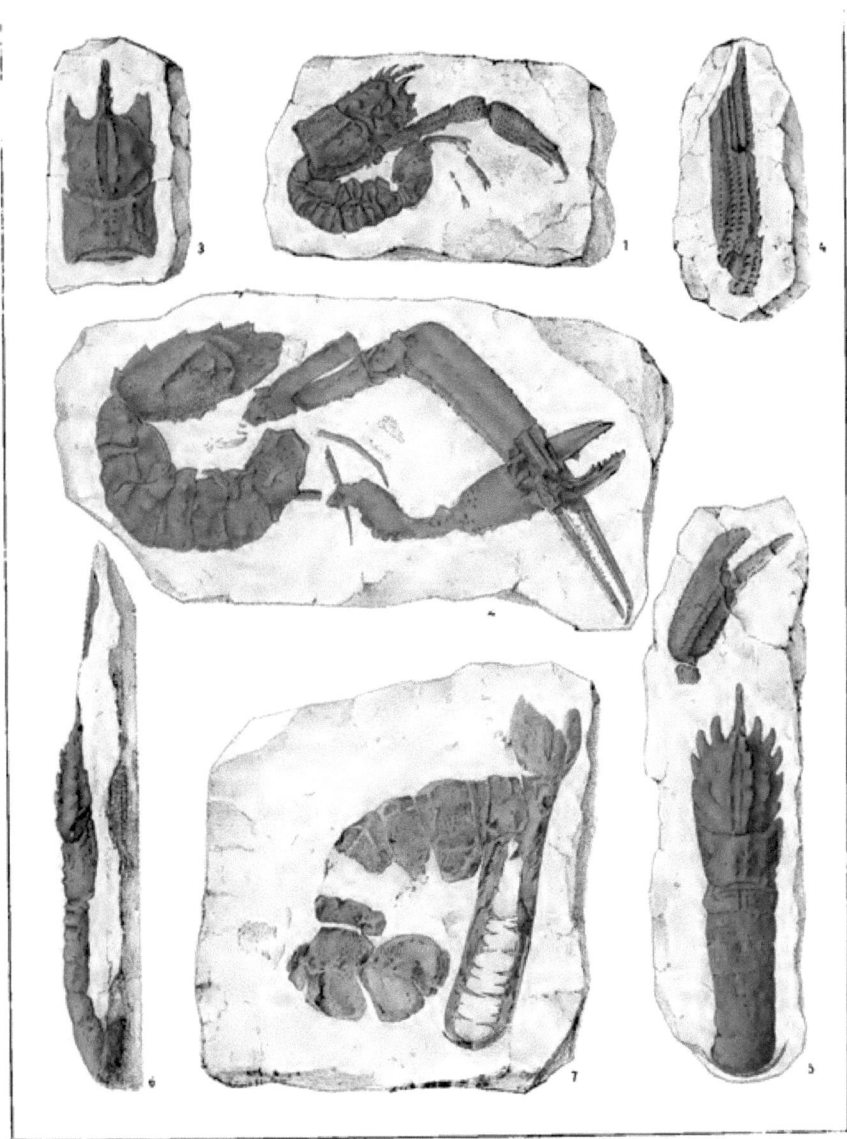

Hoploparia biserialis, *Fr.* (Text pag. 35.)

Aus dem Wehlowitzer Pläner der Weissenberger Schichten von Vinař bei Hohenmauth.

Fig. 1. Ein fast ganzes Exemplar in Seitenlage. (*Nat. Grösse. Neu. d. Orig. 85.*)
Fig. 2. Ein Cephalothorax in Seitenlage. (*Nat. Grösse. Neu. d. Orig. 86.*)
Fig. 2. *b.* Ein Stückchen vom unteren Rande desselben vergrössert.
Fig. 2. *c.* Cephalothorax, ein Scheerenabdruck und ein Theil des Postabdomen. Aus dem Wehlowitzer Pläner des Weissen Berges bei Prag. (*Nat. Grösse. Neu. d. Orig. 94.*)

Hoploparia falcifer, *Fr.* (Text pag. 37.)

Fig. 3. Fragment einer Scheere aus den Wehlowitzer Plänern von Všetat. (*Verg. 2mal. Neu. d. Orig. 88.*)
Fig. 3. *b.* Ein Stück des Negativabdruckes der Schale vergrössert.
Fig. 4. Eine sehr mangelhaft erhaltene Scheere aus dem Wehlowitzer Pläner des Weissen Berges bei Prag. (*Neu. d. Orig. 90.*)
Fig. 5. Eine Scheere aus den Dřínover Knollen der Weissenberger Schichten von Dřínov bei Veltrus. (*Neu. d. Orig. 89.*)

Nymphaeops? lunatus, *Fr.* (Text pag. 35.)

Fig. 6. Cephalothorax und Postabdomen von oben gesehen ohne Schale. Aus dem Wehlowitzer Pläner am Weissen Berge bei Prag. (*Nat. Grösse. Neu. d. Orig. 328.*)

Palinurus Woodwardi, *Fr.* (Text pag. 22.)

Fig. 7. Postabdomen von oben nach einem Gypsabgusse in das Negativ gezeichnet. Aus dem Wehlowitzer Pläner vom Weissen Berge bei Prag. Original in der geologischen Sammlung der deutschen Universität zu Prag.

Fig. 8, 9. Zwei Glieder einer Extremität.
Fig. 10, 11. Schmales Scheerenglied (dem Ansehen nach vielleicht einem Podocrates angehörend).

Dr A Fritsch et Kafka Crustaceen d.b Kreide

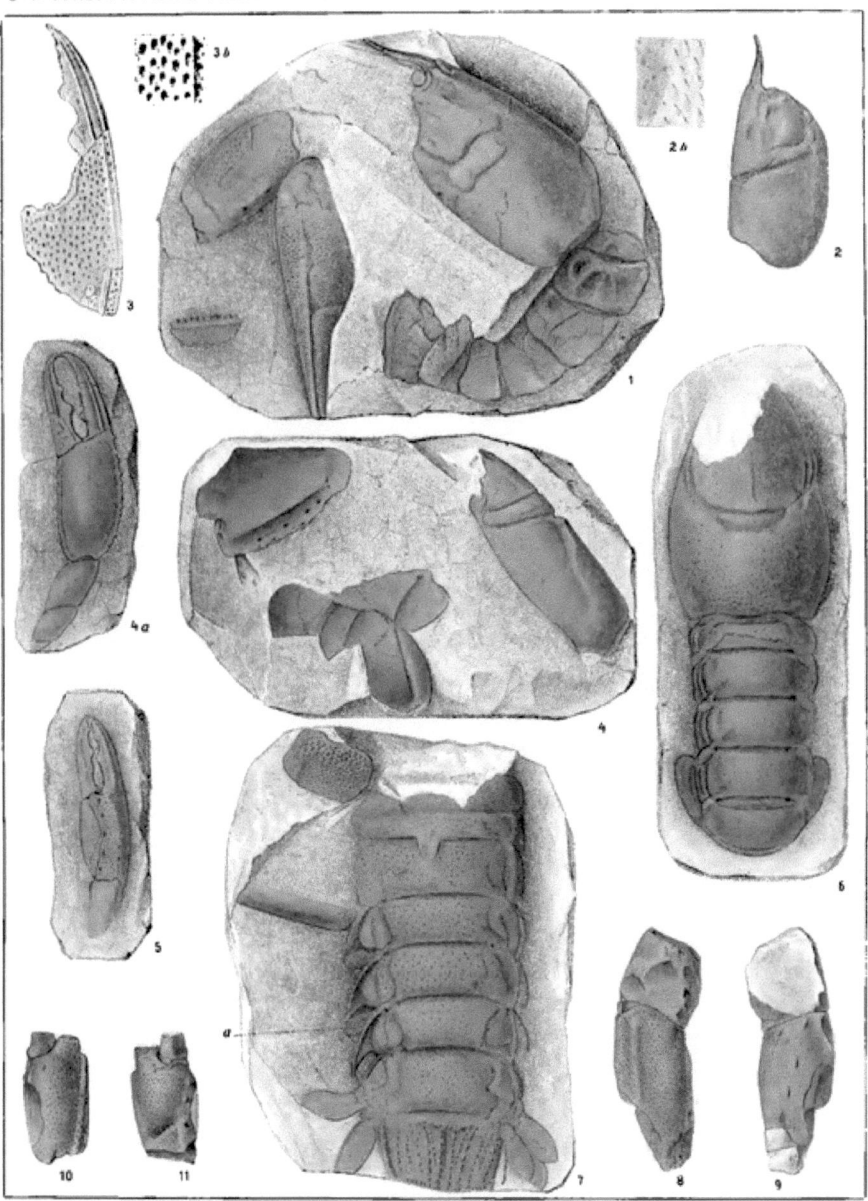

Taf. 6.

Schlüteria tetracheles, *Fr.* (Text pag. 33.)

(Vergleiche Taf. 6., 7. und Textfigur Nro. 53., 54. und 55.)

Fig. 1. Cephalothorax und beide Scheeren von oben. Aus dem Wehlowitzer Pläner des Weissen Berges bei Prag. (Nat. Grösse. Nro. d. Orig. 106.)

Fig. 2. Scheere eines mittelgrossen Exemplars von demselben Fundorte. (Nat. Grösse. Nro. d. Orig. 107.)

Fig. 3. Finger eines sehr grossen Exemplars von demselben Fundorte. (Nat. Grösse. Nro. d. Orig. 108.)

Fig. 4. Scheere des 2ten Fusspaares. (Nat. Grösse. Nro. d. Orig. 109.)

Fig. 5. Scheere eines ausgewachsenen Exemplars von aussen. Aus dem Wehlowitzer Pläner von Wehlowitz bei Melnik. (Nat. Grösse. Nro. d. Orig. 110.)

Fig. 6. Dieselbe von innen.

Fig. 7. Ein Theil des Postabdomen mit der Endflosse in Seitenlage. (Nat. Grösse. Nro. d. Orig. 111.)

Dr A Fritsch et Kafka Crustaceen d b Kreide. Taf. 6

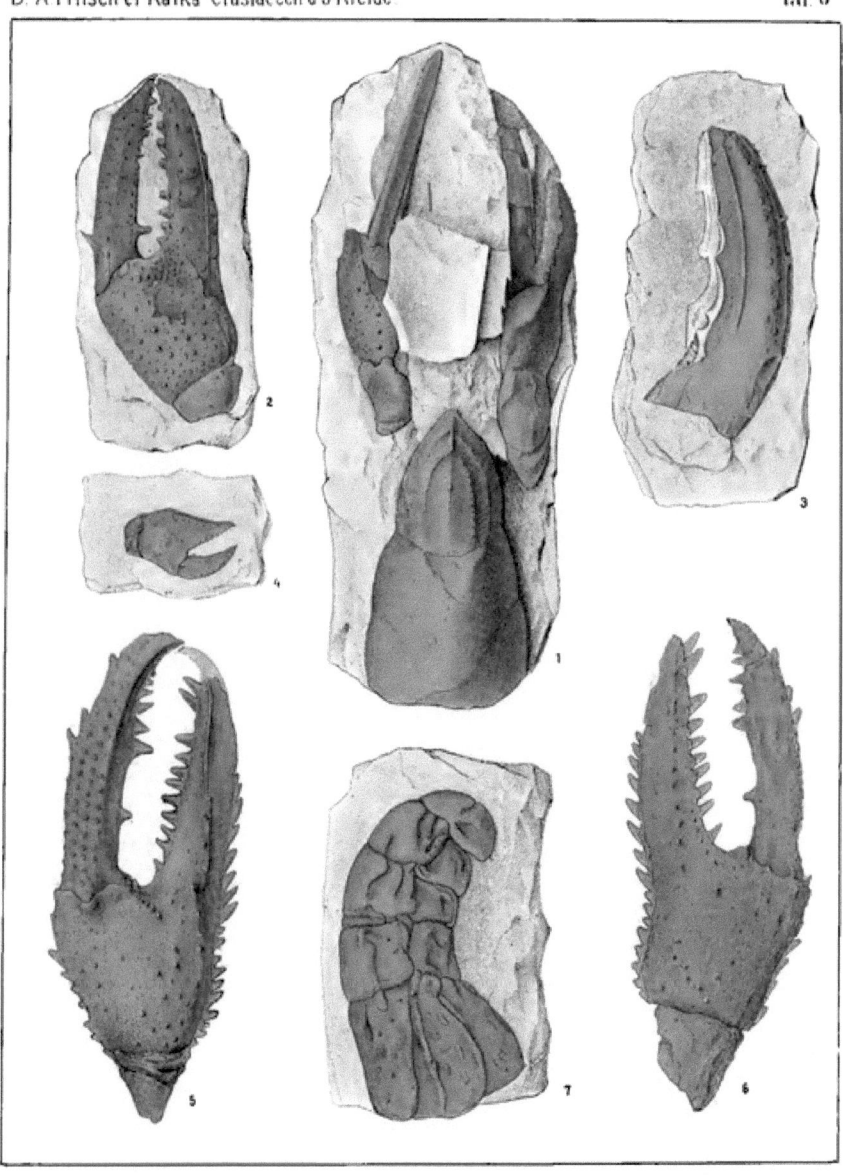

Taf. 7.

Schlüteria tetracheles, Fr. (Text pag. 33.)

(Vergleiche Taf. 6., 7. und Textfigur Nro. 53—55.)

Fig. 1. Postabdomen mit schlecht erhaltener Flosse (c) und einem Rudiment des Cephalothorax. Ausserdem ist ein Rest des ersten Fusspaares und ein ganzer Fuss des 2ten Paares vorhanden. Die Figur ist verkehrt zu betrachten. (Nat. Grösse. Nro. d. Orig. 112.)

Fig. 2. Füsse und Postabdomen. Vom ersten Paare ein Fragment der Scheere und des breiten Meropodits. Darunter ein sehr gut erhaltener Fuss des 2ten Paares. (Vergleiche Taf. 9. Fig. 8.) Nach links die grossen flachen Meropodite des 3ten und 4ten Paares. Aus den Wehlowitzer Plänern der Weissenberger Schichten. (Nat. Grösse. Nro. d. Orig. 113.)

Fig. 3. Scheerenfragment und das gezackte Meropodit, dann die sehr langen und schlanken Füsse des 3ten und 4ten Paares und ein verkümmerter Fuss des 5ten Paares. Darunter eine wohlerhaltene Schwanzflosse in Seitenlage. (Nat. Grösse. Nro. d. Orig. 114.)

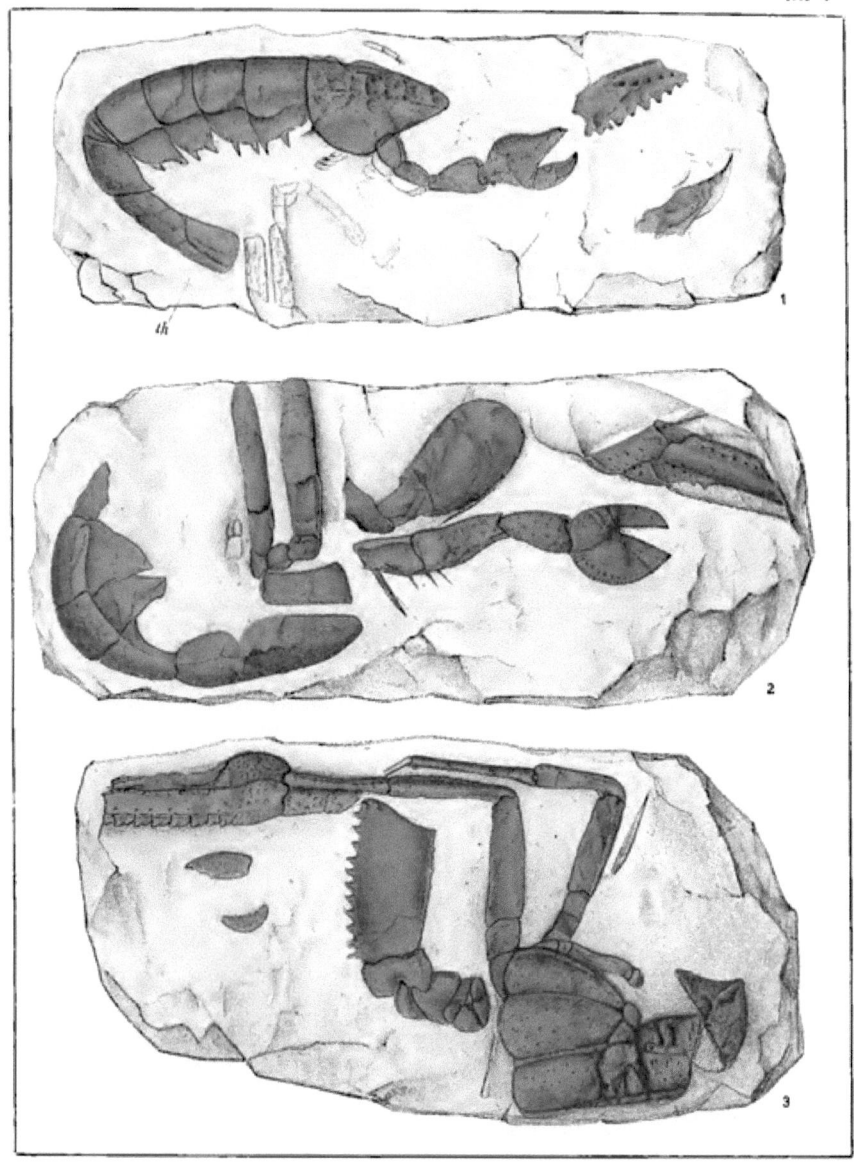

Dr A. Fritsch et Kafka: Crustaceen d. b. Kreide. Taf. 7.

Taf. 8.

Clyphaea bohemica, *Fr.* (Text pag. 23.)

(Vergl. Textfigur Nro. 45.)

Aus dem Wehlowitzer Pläner der Weissenberger Schichten vom Weissen Berge bei Prag.

Fig. 1. Ein fast ganzes Exemplar. (*Nat. Grösse. Nro. d. Orig. 54.*)
Fig. 2. Cephalothorax. (Exuvie der Länge nach gespalten, die linke Hälfte nach vorne verschoben.) Vor demselben beide Füsse des ersten Paares. (*Nat. Grösse. Nro. d. Orig. 55.*)
Fig. 3. Propodit und Dactylopodit der beiden Füsse des ersten Paares; dahinter der letzte Kaufuss? und ein Fragment des Fühlers. (*Nat. Grösse. Nro. d. Orig. 56.*)
Fig. 4. Postabdomen mit schadhafter Flosse. Aus der Sammlung des geologischen Instituts der deutschen Universität zu Prag. (*Nat. Grösse.*)
Fig. 5. Ganzes Postabdomen mit wohlerhaltener Schwanzflosse von oben gesehen. (*Verg. 2mal. Nro. d. Orig. 57.*)
Fig. 6. Erstes und zweites Fusspaar, dahinter der Vordertheil des Cephalothorax mit den Basalgliedern der Fühler. (*Nat. Grösse. Nro. d. Orig. 58.*)
Fig. 7. Ein wohlerhaltener Cephalothorax nebst verschiedenen Fussfragmenten und Resten des Postabdomens. (*Nat. Grösse.*) Aus der Sammlung des geolog. Instituts der deutschen Universität zu Prag.
Fig. 8. Cephalothorax und Meropodite der ersten 2 Fusspaare. (*Nat. Grösse. Nro. d. Orig. 59.*)

Dr A Fritsch et Kafka Crustaceen d.b Kreide. Taf. 8

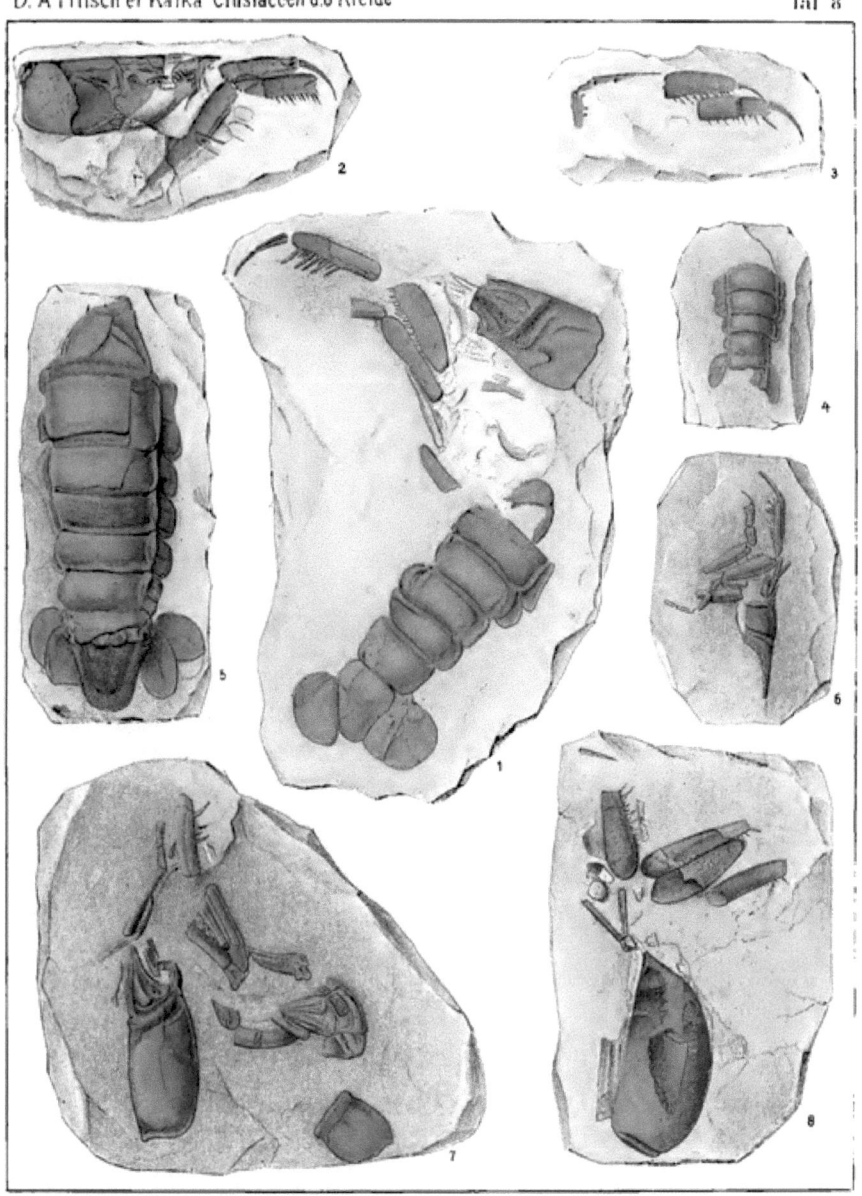

Taf. 9.

Callianassa brevis, Fr. (Text pag. 44.)

Fig. 1. Ein ganzes Exemplar aus den weissen Inoceramenplänern der Priesener Schichten von Vysoká bei Melnik. *(Nat. Grösse. Nro. d. Orig. 134.)*

Fig. 2. Antennen desselben Exemplars. *(Vergr. 6mal.)*

Fig. 3. Ein fast ganzes Exemplar vom Wolfsberg bei Podebrad. *(Vergr. 4mal. Nro. d. Orig. 135.)*

Fig. 4. Beide Scheeren des ersten Fusspaares eines ganzen aber zertrümmerten Exemplars. Aus den weissen Inoceramenplänern der Priesener Schichten von Vysoká bei Melnik. *(Vergr. 3mal. Nro. d. Orig. 146.)*

Fig. 5. Beide Scheeren des ersten Fusspaares aus denselben Schichten vom Wolfsberg. *(Vergr. 3mal. Nro. d. Orig. 138.)*

Fig. 6. Beide sehr verkümmerte Scheeren des ersten Fusspaares aus denselben Schichten von Vysoká. *(Vergr. 6mal. Nro. d. Orig. 137.)*

Fig. 7. Scheere des ersten Fusspaares aus denselben Schichten von Čimeves bei Königsstadtl. *(Vergr. 3mal. Nro. d. Orig. 136.)*

Schlüteria tetracheles, Fr. (Text pag. 33.)

Fig. 8. Scheere des 2ten Paares nebst Carpopodit des Taf. 7. Fig. 2. abgebildeten Exemplars. *(Vergr. 6mal. Nro. d. Orig. 113.)*

Enoploclythia Leachi. (Text pag. 27.)

Fig. 9. Basaltheil der Fühler und Mundgegend mit dem 1ten Paar der Kiefer. *(Vergr. 2mal. Nro. d. Orig. 71.)*

(Astacus) cenomanensis. (Text pag. 32.)

Fig. 10., 11. Eine Scheerenspitze (Dactylopodit?) von oben und unten aus den Kalken der cenomanen Korytzaner Kalke von Korytzan. *(Vergr. 6mal.)*

Fig. 12. Eine Scheerenspitze ebendaher. *(Vergr. 3mal. Nro. d. Orig. 83.)*

Fig. 13. Eine Scheere eines macruren Krebses ebendaher. *(Vergr. 6mal. Nro. d. Orig. 84.)*

Dr A Fritsch et Kafka. Crustaceen d.b.Kreide. Taf. 9

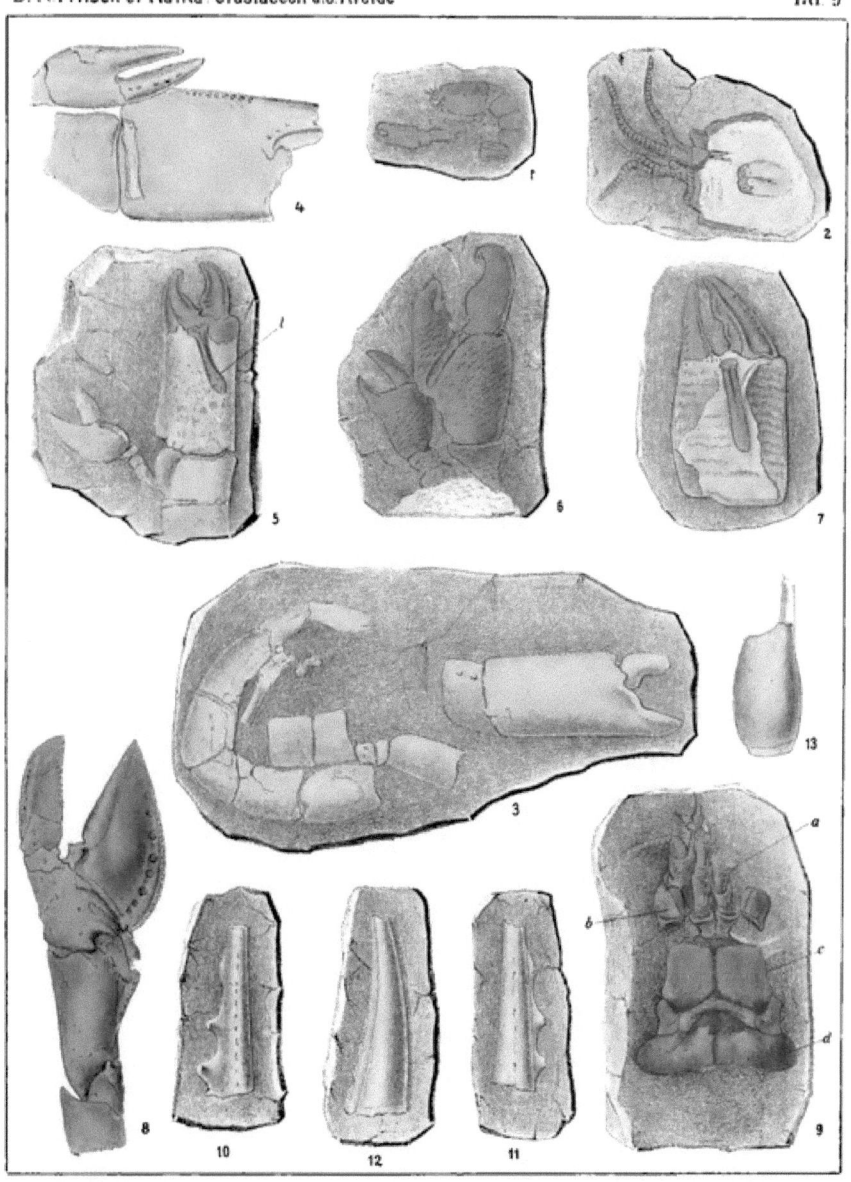

Taf. 10.

Carcinus ? solitarius, Fr. (Text pag. 49.)
Aus den cenomanen Kalken der Korytzaner Schichten von Korytzan.
Fig. 1. Ein Dactylopodit a. von der Seite, b. von innen. c. von der anderen Seite, d. von aussen, e. von oben.
(Nat. Grösse. Nro. d. Orig. 151.)

Necrocarcinus avicularis, Fr. (Text pag. 47.)
Aus den cenomanen Korytzaner Schichten von Kamajk und Zbyslav bei Caslau.
Fig. 2. a. von innen. b. von aussen. c. von oben, d. von vorne, f. von aussen 2mal vergrössert. (Nro. d. Orig. 144.)

Cancer reversus, Fr.
Fig. 3. Scheerenglied ohne den beweglichen Finger. (Nro. d. Orig. 153.)

(Astacus laevissimus) von Zbyslav.
Fig. 4. Scheerenglied ohne Finger. (Nro. d. Orig. 154.)

Palaeocorystes isericus, Fr. (Text pag. 46.)
Fig. 5. a. Steinkern des Cephalothorax aus den Iserschichten von Jungbunzlau. Geschenk des Dr. Stecker.
(Vergr. 3mal. Nro. d. Orig. 141.)
Fig. 5. b. Derselbe von der Seite.
Fig. 6. Steinkern eines Cephalothorax, an dem die Stirngegend besser erhalten ist; aber der Hinterrand lädirt ist. Aus den Iserschichten von Böhm Trübau. Geschenk des Apothekers Herrn Erxleben in Landskron.
(Vergr. 2½mal. Nro. d. Orig. 142.)

Lissopsis transiens, Fr. (Text pag. 48.)
Aus den Iserschichten von Böhm. Trübau.
Fig. 7. a. Cephalothorax von oben. b. Derselbe von der Seite. (Vergr. 3mal. Nro. d. Orig. 150.)

Lupeites granulatus, Fr. (Text pag. 49.)
Aus den Teplitzer Schichten von Rohater bei Raudnitz.
Fig. 8. Fragment des Cephalothorax. (Nat. Grösse. Nro. des Orig. 152.)

Palaeocorystes Callianassarum, Fr. (Text pag. 46.)
Aus den Chlomeker Schichten von Kieslingswalde.
Fig. 9. a. Steinkern des Cephalothorax von oben. b. Derselbe von der Seite. (Nat. Grösse. Nro. d. Orig. 143.)

Necrocarcinus avicularis, Fr. (Text pag. 47.)
Aus den Korytzaner Schichten von Kamajk bei Caslau.
Fig. 10. Scheerenglied.
Fig. 11. Linker Fuss des ersten Paares mit Carpopodit und Propodit von oben. (Nat. Grösse. Nro. des Orig. 145, 146.)
Fig. 12. Cephalothorax, wahrscheinlich dieser Art angehörig. (Nat. Grösse. Nro. d. Orig. 147.)
Fig. 13. Fragment eines Krabben Cephalothorax, daneben eine Scheere v. Necr. avicularius. (Nat. Grösse. Nro. d. Orig. 148.)

Necrocarcinus perlatus, Fr. (Text pag. 47.)
Aus den Priesener Schichten von Černodol bei Laun.
Fig. 14. Eine Scheere von oben. (Vergr. 3mal. Nro. d. Orig. 149.)

Dr A Fritsch et Kafka Crustaceen d.b.Kreide Taf 10

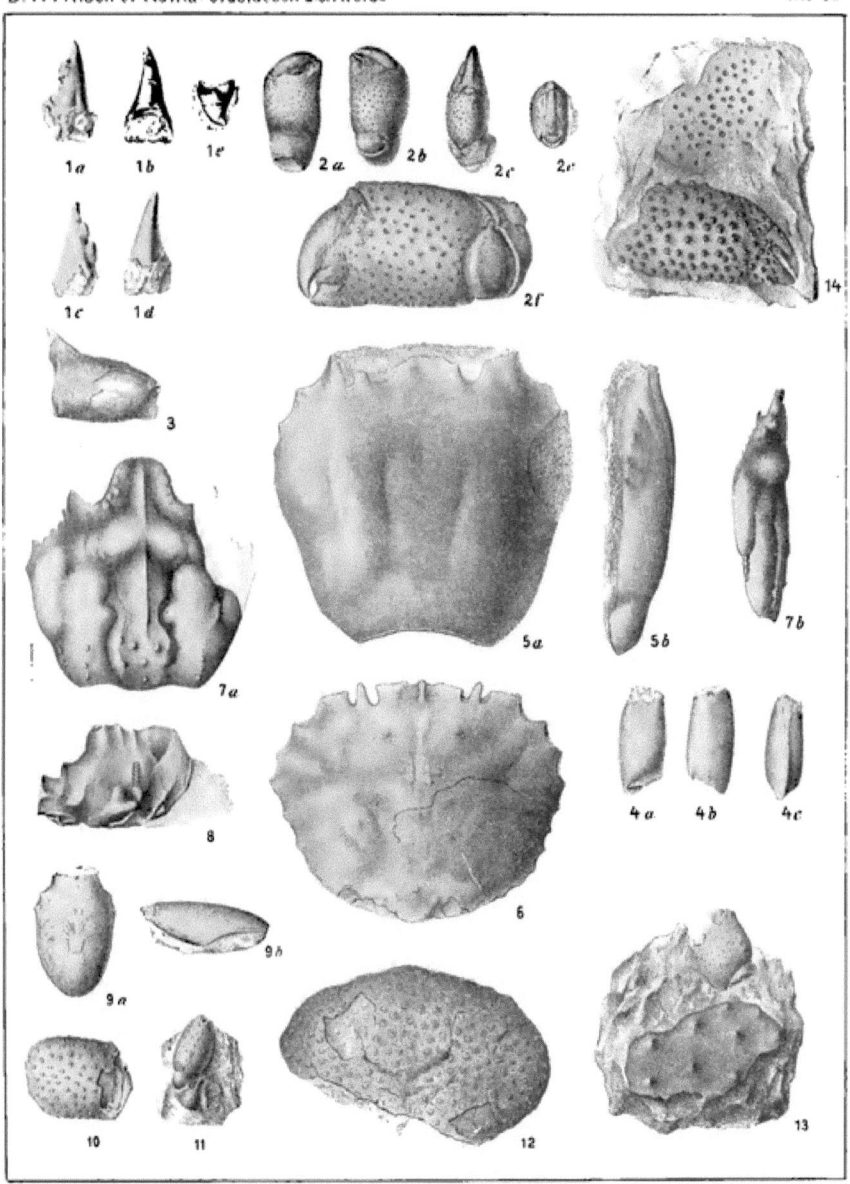